AF452994

VIRGO FIDELIS ora pro nobis.
20.

SED
FOR
TVNA
VERITATE
NON
1664

LE MERCVRE INDIEN,

OV LE TRESOR DES INDES,

PREMIERE PARTIE.

Dans laquelle est traitté de l'Or, de l'Argent & du Vif-argent, de leur Formation, de leur Origine, de leur Vsage, & de leur Valeur.

Auec vne Explication sommaire des Tittres de l'Or & de l'Argent, & de leur Affinage.

Reveu, corrigé & augmenté par l'Autheur.

Dedié à Monseigneur LE TELLIER.

Par P. D. R.

A PARIS,

M. DC. LXXII.

Auec Privilege du Rey.

A MONSEIGNEVR
LE TELLIER
CHEVALIER
MARQVIS DE CHAVILLE
ET DE LA FERTE'-GAVCHER,

Conſeiller du Roy en tous ſes Conſeils, Miniſtre
& Secretaire d'Eſtat, & des Commandemens
de Sa Majeſté.

ONSEIGNEVR,

C'eſt avec confuſion que je vous preſente ce
Livre, d'autant que vous n'y verrez rien qui ſoit
digne de vous, quoy qu'il y ſoit traitté de l'Or, de

l'Argent, des Pierres precieuses, & des Perles, qui sont les Tresors les plus riches & l'Objet principal des desirs des Hommes, au dessus de la pluspart desquels vostre Merite & vostre Vertu vous élevent infiniment. Je n'entreprends pas aussi de vous faire un present considerable, puis qu'au contraire, j'avoüe que vous aurez besoin de toute cette Bonté qui vous est ordinaire, pour en souffrir les deffauts, & pour excuser la liberté que je prends de vous l'offrir. J'aurois eu plus de Retenuë, si j'avois eu moins de Zele, & ie vous aurois espargné la peine & l'importunité d'une Lecture ennuyeuse, si ie n'étois pas (comme ie le suis toûjours) entierement persuadé, qu'il n'y a rien plus glorieux pour moy, que de chercher les occasions de vous témoigner mon Respect La Fortune me les envie, & ne m'en presente aucunes: C'est pourquoy ie me suis resolu de faire naistre celle-cy, & de me faire honneur à la teste de mon Livre, de la gloire de vostre Protection, & d'un Nom aussi illustre que le vostre.

Comme ie ne pretends point m'ériger en Autheur, toute ma Connoissance ayant esté jusqu'à present bornée dans le commerce où ma Profession m'engage, je n'ose prendre de Vol au dessus de mes forces, & me dispenseray, s'il vous plaist, MONSEIGNEVR, du Stile ordinaire des Epistres Dedicatoires, que l'on remplit communément des loüanges des Personnes ausquelles elles sont adressées, & du détail de ce qu'elles ont de recommandable. Ce n'est pas,

EPISTRE.

MONSEIGNEVR, que je ne connoisse vne partie de ces Vertus que toute la France admire en voftre Perfonne, & qui feruent fouuent de matiere aux plus fameux Efcriuains de ce fiecle, Ie fçay quels font les merueilleux Auantages que vous poffedez, La Grandeur & l'Eftenduë de vos Emplois, Vos Soins infatigables pour le feruice du Roy & de l'Eftat, dans la Guerre & dans la Paix, Ie n'ignore pas quelle eft la Viuacité de voftre Efprit, combien jufte en eft le Difcernement, qu'elles en font les belles Connoiffances, & enfin quelle eft cette haute Reputation d'Honneur, de Vertu & d'Integrité, en laquelle Vous auez toûjours vécu: Ie pourrois mefme dire en cét endroit, qu'en voftre Perfonne, la Connoiffance des moindres chofes fe trouue parfaitement conciliée auec celle des plus fublimes, que la Conduite qui Vous eft refervée des plus importantes Affaires & Negociations du Royaume ne vous empefche pas de vous appliquer à l'Eftude & à la Recherche des chofes rares, & qu'en cette Recherche vous auez acquis tant de lumieres, que mefme, dans le choix des Pierres precieufes, où tres-peu de Perfonnes font habiles, rien n'eft capable de vous furprendre. Mais, quoy qu'inftruit de toutes ces chofes, je ferois temeraire de vouloir en parler, puifque ces Efforts furpaffent mon pouvoir ; & quand bien mefme j'aurois efperance de lefaire auec quelque fuccez, voftre Modeftie fe feroit violence à le

â iij

EPISTRE.

*souffrir. Ainsi, ne pouvant vous loüer dignement,
je sçauray me taire avec respect, & n'adjoûter à
cette Confession ingenuë de ma foiblesse, qu'vne
tres-sincere protestation d'estre toûjours, comme j'y
suis obligé par plus de motifs quetout autre,*

MONSEIGNEUR,

Vostre tres-humble & tres-
obeïssant serviteur,
P. DE ROSNEL.

AV LECTEVR.

E ſçay qu'il y a pluſieurs Autheurs leſquels, pour ſatisfaire plûtoſt à leur curioſité particuliere qu'à celle du Public, ont écrit ſur la matiere des Metaux, des Pierres precieuſes, & des Perles: Mais ceux qui en ont parlé avec le plus d'étenduë n'en ont pas eu le plus de connoiſſance, ou du moins n'en ont parlé que comme Naturaliſtes, ſans expliquer ſuffiſamment leurs differences, leur merite, & leur valleur, que l'Experience & le Commerce font connoiſtre plus particulierement à un Marchand Orfévre qu'à tout autre. De la façon qu'ils en ont traitté, il y a tant de peine à comprendre ce qui devroit eſtre le plus intelligible, que c'eſt la ſeule conſideration qui m'a fait mettre cét Ouvrage en lumiere, qui fera connoiſtre diſtinctement quelle eſt l'origine de ces Treſors precieux, & les moyens par leſquels ils ſe trouvent dans les Indes Orientales & Occidentales.

On verra dans la ſuite de ce Traitté tout ce que la curioſité peut faire ſouhaiter en la recherche de ces merveilleuſes productions de la Nature, ſans neanmoins m'engager dans l'examen de beaucoup de particularitez, comme de ſçavoir ſi ces Metaux, Pierres precieuſes ou Perles ont quelques Vertus qui puiſſent ſervir au Corps humain, d'autant que cét Eſtude n'eſt pas de ma profeſſion & ne fait rien à mon deſſein. Ie ſuis aſſuré de ne rien mettre en avant, qu'en méme temps je ne l'authoriſe par un peu d'experience que j'en ay faite, & par le témoignage de pluſieurs Relations de perſonnes, qui (pour avoir eſté dans les Païs, & y avoir remarqué les choſes deſquelles ils ont parlé) en ont acquis une connoiſſance entiere & parfaite: Et encore bien qu'il ſemble y avoir quelque choſe qui pourroit ſurprendre d'abord pour eſtre tout à fait extraordinaire, & meſme appa-

remment contraire à la vray-ſemblance, on ne trouvera
pas neanmoins qu'il y ait beaucoup de remarques auſquelles on ne puiſſe tres-raiſonnablement ajoûter foy.

Quoy qu'il en ſoit, le deſir que j'ay eu d'obliger en general & en particulier, ceux qui n'ont pas acquis toute
l'experience, ou qui ne ſe ſont pas appliquez à la lecture
des Autheurs deſquels je me ſuis ſervy, fait que j'oſe eſ-
perer que la bonne volonté que j'ay euë pourra ſuppléer
aux défauts de cét Ouvrage, que le Lecteur recevra, s'il luy
plaiſt, avec autant d'indulgence que j'ay de paſſion de luy
eſtre utile par ces obſervations que j'ay faites avec aſſez
d'exactitude, & que je luy communique ſans reſerve.

TABLE DES CHAPITRES.

LIVRE PREMIER.

LE MERCVRE INDIEN,

ou

LE TRESOR DES INDES.

PREMIERE PARTIE.

CHAPITRE I.

De la formation des Metaux, de leur matiere, & de ce qu'en ont crû les Naturalistes.

DIEV a creé les metaux pour l'ornement & l'embelissement du monde & pour servir de matiere aux plus nobles ouvrages de l'industrie humaine, il les a enferrez dans les entrailles & concavitez de la terre, & a donné à l'homme les moyens de les rechercher, & de les en tirer pour son usage.

Pourquoy Dieu a creé les metaux, & que l'or est tenu pour le plus precieux.

A

L'or entre tous a esté toûjours estimé le plus excellent, dautant que le feu qui consume & détruit tous les autres, conserve celuy-là & le rend en sa perfection; Il est bien vray qu'il est ferme & solide, mais neanmoins estant épuré, on le rend aussi foible & maniable que l'on le desire sans qu'il se rompe, ce qui se remarque par l'employ qui s'en fait, & particulierement en ce qui s'en consomme pour les dorures, pourquoy on le reduit en feüilles, en sorte qu'en vne once il s'en tire assez souvent jusques à douze, quinze ou dix-huit cens.

Les Naturalistes ou Alchimistes tiennent que la matiere des metaux est une substance elementaire laquelle fait le metail autant parfait, que cette matiere est plus ou moins purifiée, & qu'elle est en égale proportion de qualité & quantité : Car quoy que par la chaleur du feu les metaux se puissent fondre, l'experience fait connoistre que par la froideur de l'air & de l'eau (quelque temps apres ils se congelent) ce qui montre évidamment qu'ils tiennent beaucoup de l'eau ; mais qu'ils tiennent aussi de la terre, l'eau toute simple n'estant pas seule la matiere, mais bien quand elle se trouve meslée auec la terre : & d'autant plus que cette mixtion est pure, d'autant plus aussi le metail se fait precieux & endure le feu avec plus de force.

Du sentimēt des Naturalistes, qui disent que la matiere des metaux est vne substance elementaire qui tient de l'eau, mais qui tient aussi de la terre.

De vouloir marquer exactement combien il faut d'humeur en la portion de terre dont le metail se fait, il n'y a jamais eu homme qui l'ait sceu comprendre, & il n'y a que Dieu seul qui le scache, en estant le premier Autheur.

On conjecture que le metail se forme d'un suc ou humeur que divers mouvemens expriment & produisent. Que c'est le cours & l'effet naturel de l'eau qui rassemble les parties terrestres necessaires pour la formation du metail, & qui se mélangeant avec elles les amolit par son humidité & les condense par sa froideur temperée, toutefois par la chaleur elementaire. Ainsi l'on peut soûtenir que la cause efficiante des metaux n'est autre que l'action mutuelle du chaud & du froid enclos dans les entrailles de la terre, la chaleur estant ce qui cuit & purifie la mixtion

Quelles causes sont necessaires pour la formation du metail.

de la terre & de l'eau, comme la froideur eſt cequi la raſ-
ſemble, la congele & la rend dure.

Il y a des Philoſophes leſquels ſuivis du ſentiment d'aucuns Alchimiſtes, eſtiment que les metaux ſont formez
par l'influence des Planettes ; ſçavoir, l'or par le Soleil ;
l'argent par la Lune ; le fer par Mars ; l'erain par Venus ;
le vif-argent par Mercure, & le plomb par Saturne, &
diſent que comme les metaux ſont faits par l'influence
des Planettes, les pierres precieuſes ſont faites auſſi par
les influences des étoilles fixes, ce qui n'a gueres de vray-
ſemblance. Encore que neanmoins il ſoit à croire que
toute choſe terreſtre & inferieure doit eſtre gouvernée
par les ſuperieures & celeſtes. *Sentimés des Alchimiſtes.*

Quoy qu'il en ſoit, on peut dire que la matiere dont
l'or ſe produit, ainſi que celle dont l'argent eſt formé, n'eſt
autre choſe que les ſubſtances elementaires meſlées &
également proportionnées l'une avec l'autre, comme
eſtant ce qui compoſe cette mixtion, laquelle (comme
dit eſt cy-devant) ſe cuit & ſe parfait, en ſorte que ces
parties deviennent unies & liées enſemble d'un lien ſi
étroit, qu'il n'y a que la grande activité du feu qui ſoit
capable de le diſſoudre ; & cette union preſque indiſſolu-
ble ſe trouve cauſée ou par l'influence des corps celeſtes
ou par la force du temps, ou par la concurrence de toutes
ces cauſes, ou pour mieux dire enfin par une merveilleuſe
operation de la ſage Nature, qui fait que toutes ces ſubſtances ſe convertiſſent en un corps metallique, la temperature duquel ainſi que l'union & liaiſon ſi parfaite de
toutes ſes parties luy acquierent une permanence incor-
ruptible, qui provient de ce que les metaux n'ont en
eux aucunes ſuperfluitez. *De la con-noiſſance qu'-on doit avoir touchant la production des metaux.*

CHAPITRE II.

*Des Mines d'or, des lieux d'où il se tire, & de la maniere
de le purifier.*

L'O R qui se tire des mines se trouve en trois façons
differentes : L'une en forme de pepins, l'autre en
espece de pierre, & l'autre en poudre. Ces pepins sont
des petits morceaux d'or entiers & sans mélange, qui n'a
pas besoin d'estre affiné par le feu. Celuy en pierre se
trouve en de certaines veines qui s'engendrent en des
cailloux vers les mines de Caruma. Et celuy en poudre
qui fait la plus grande quantité de ce qu'on en recueille
dans les Indes se trouve dans les rivieres & torrents où
beaucoup d'eau a passé comme estant les fleuves des
Indes tres-abondans en cette espece d'or.

Les Anciens ont remarqué qu'il s'en trouvoit en beaucoup d'autres fleuves ; sçavoir , en Espagne , dans le
fleuve du Tage ; en l'Asie , en celuy de Pactole ; & aux
Indes Orientales dans le Gange.

Que dans le Royaume de Chillé, En celuy de Guitto, &
au nouveau Royaume de Grenade il s'en tire aussi une
grande quantité; Mais que le plus celebre païs où il s'en
rencontre est celuy de Caranava au Perou, & celuy de
Valdinia au Chillé, dautant qu'il s'y trouve tres-épuré.
Il se dit aussi qu'il s'en apporte beaucoup de la Mexique
des Philippines & de la Chine , mais qu'il est d'ordinaire
de bas aloy; c'est à dire qu'il n'est pas à plus de seize ou
dix-huit carats. Et on ajoûte que la matiere d'où se tire
l'or provient des Mines , ou de certains puits , que les
Latins appellent *Canalitium*, d'où sortent plusieurs veines, & que cette matiere estant tirée de ces veines avant
que de l'affiner, on la broye, on la lave, & puis on la
met en la fonte , quelquefois mesme on est obligé de la
mettre en poudre, & l'or qui s'y rencontre est ce qui tom-

be en une certaine foſſe ou conche faite expres : & que
quand cette matiere eſt fonduë il ſe fait une eſpece de
craſſe ou litarge appellée *Scoria* , qui nage ſur cette conche ou foſſe, laquelle on eſt obligé de piller & la refon-
dre juſques à trois & quatre fois pour l'épurer.

D'autres Autheurs diſent que ce ſont certains Arpailleurs
qui cherchent l'or ſur les bords de pluſieurs rivieres, &
meſme parmy de certaines mottes de terre , & qu'ayant
lavé ce qu'ils ont trouvé de cette terre ou ſable où ils
ont crû rencontrer l'or ſelon la qualité de la mine ; ils
jugent ſi la veine qu'ils ont découverte eſt profonde , ou
ſi elle n'eſt qu'à la ſuperficie de la terre, pour continuër
d'y foüiller en cas qu'elle ſoit profonde , ou ſinon aller
chercher quelqu'autre meilleure fortune : Quoy qu'il en
ſoit il a bien fallu qu'on en ait trouvé en beaucoup d'endroits , puis qu'en Eſpagne il y avoit autrefois une telle
abondance d'or & d'argent , ſpecialement en Galice &
Portugal qu'on diſoit vulgairement que la plus grande
richeſſe des Romains eſtoit d'avoir en leurs puiſſances les
Metaux d'or & d'argent ; Mais de preſent ſoit que ces mines ſoient épuiſées ou que l'on en ait perdu la connoiſſance, tout ce qui s'en voit en Eſpagne vient des Indes ,
en quoy l'on peut remarquer que la divine Providence
a voulu qu'il n'y eût aucun Royaume ou partie de la terre
qui ne communiquât ſes richeſſes aux autres.

Que la plus grãde richeſ-ſe des Romains eſtoit les mines d'or & d'argent.

Pline en ſon **Livre** trente-troiſiéme dit que la quantité
d'or qui ſe tire du Perou eſt merveilleuſe & ſurprenante, à
ne conſiderer meſme que ce que l'on en apportoit tous
les ans d'Eſpagne à Rome. Mais ſi l'on en croit l'Hiſtoire
des Indes, on verra que c'eſtoit encore toute autre choſe
en l'année mil cinq cens quatre-vingt ſept, lors de l'arrivée
de la flotte , en laquelle la declaration de la **Terre-ferme**
eſtoit de douze caſſons d'or, chacun deſquels peſoit quatre
arobes qui ſont cent livres, outre mil cinquante-ſix marcs
de la neuve Eſpagne pour le Roy, ſans y comprendre ce
qui arriva pour les Marchands & particuliers qui eſtoit
de quatre fois autant, ainſi qu'il paroiſſoit ſur les regiſtres

La richeſſe des Eſpagnols en la poſſeſ-ſion des me-taux d'or & d'argent.

de la Quarquaifon, & joint mefme qu'il y en avoit encore bien d'autres qui n'étoient point enregiftrées.

CHAPITRE III.

Des Mines d'argent, de fon affinage, de la découverte
de la Montagne de Potozi, & des richeffes
qui s'y rencontrent.

De l'argent & de fa qualité.

ENTRE les metaux, l'argent tient le fecond lieu, & eft celuy de tous qui approche le plus de l'or, comme eftant apres luy le plus admirable, & qui s'endommage le moins par le feu ; auffi en certains lieux on l'eftime mefme plus que l'or, comme en la Chine où il s'en trouve fort peu, & beaucoup d'or ; Mais neanmoins comme la Nature produit plus rarement l'or que l'argent ; il s'enfuit que l'argent eft moins confiderable & moins precieux que l'or.

Du Perou & de la Montagne de Potozi.

Le Createur de l'univers, qui a donné le premier metail à l'Orient, a voulu que les Indes Occidentales fuffent pourveuës de ce fecond, en telle forte que tout ce que l'on peut lire dans les Hiftoires anciennes des argenteries & mines d'Efpagne & des autres Provinces, n'eft rien en comparaifon de ce que l'on voit au Perou en la Montagne de Potozi, où il y a diverfes mines, les unes qui s'appellent égarées, les autres fixes & arreftées.

Qualitez des mines.

Les égarées, font des morceaux de metail amaffez en quelques endroits, lefquels eftant tirez & levez, il ne s'en trouve point davantage ; mais les fixes font celles, qui en profondeur & longueur ont une fuite continüelle en façon de branches d'arbre, & où lors qu'on en a trouvé une, l'on en trouve facilement plufieurs au mefme lieu.

Que l'argent fe trouve fort different d'aloy, & quelle

Il y a grande difference en la qualité de ce metail, l'un fe trouvant de fort bas aloy, & l'autre fort épuré ; auffi felon fa qualité, les Indiens ont accoûtumé d'ufer differemment des moyens pour l'affiner ; Celuy tiré des mines de Porco, s'affine d'ordinaire avec des foufflets, & celuy de Potozi avec des fourneaux, appellez Guyras, que les Indiens bâtiffent proche des Montagnes, du côté du vent. eft la maniere de l'affiner au Perou.

Cette Montagne de Potozi, fi renommée, & où fe trouvent les principales mines d'argent, eft fituée en la Province de Charcas, au Royaume du Perou, diftante de l'Equinoxe, vers le côté du Sud, proche l'Antartique, de vingt-vn degrez deux tiers, & eft aux fins de la Zone Torride ; & quoy qu'elle deût eftre chaude, eu égard à l'élevation du Pole où elle eft fituée, neanmoins on tient qu'elle eft fort froide, à caufe des vents intemperez, qu'ils appellent Thomahavi, qui regnent ordinairement en Iuin, Iuillet & Aouft. Et encore bien que cette terre foit fterile, le defir de l'argent l'a renduë fertile & abondante en toutes chofes, & mefme fi peuplée, qu'il y a plus à prefent de peuple qu'en pas une Ville du païs. De la fcituation de la montagne de Potozi.

On remarque que cette Montagne reffemble proprement à un pavillon rond ou à un pain de fucre, & qu'elle s'éleve fur toutes les autres : Qu'elle a environ une lieuë d'Efpagne de circuit, & que fa hauteur depuis le pied juqu'au fommet, eft d'un quart de lieuë ; & dit-on encor qu'il fe voit autour une petite coline ornée de plufieurs mines, où autrefois fe trouvoient des metaux comme en des bourfes, & non par veines fixes & continuës, que les Indiens appelloient Guayna Potozi, c'eft à dire le jeune Potozi, où a commencé l'habitation des Efpagnols & Indiens, qui peut contenir environ deux ou trois lieuës de circuit. Tout le plus grand commerce qui s'eft fait dans le Royaume du Perou, s'eft fait en cette habitation depuis que les Efpagnols l'ont conquife ; car auparavant, fa richeffe n'eftoit point découverte, combien que les Yncas euffent découverts les mines de Porco, qui n'étoient diftantes de Potozi que de fix lieuës ; & mefme peut-on dire que les Efpagnols n'en ont eu la connoiffance que douze années apres qu'ils y furent entrez, par un rencontre affez furprenant, rapporté par Accofta en fon Hiftoire naturelle des Indes, Livre 4. chapitre 6. où il dit, De la forme de la montagne de Potozi & quelle eft fon étenduë.

Quelle a efté la premiere découverte de la montagne de Potozi.

Qu'un Indien appellé Gualpa, allant un jour à la chasse, couroit sur cette Montagne, qui pour lors estoit couverte pour la pluspart de certains arbres, appellez Guinua, & que comme il s'élevoit vers la cime, pour monter un passage un peu âpre, il fut contraint de mettre la main à une branche qui sortoit d'une mine d'argent, & qu'ayant trouvé par terre quelques morceaux de metail rompu ou détaché de cette branche, il en fit faire l'essay à Porco, par lequel essay cét argent fut trouvé fort bon ; ce qu'ayant reconnu, il foüilla secrettement cette veine pendant quelque temps, sans communiquer sa bonne fortune à personne, jusques à ce qu'un Indien, natif du mesme lieu de Porco, nommé Guanca, découvrit par ruse ce tresor, & obligea Gualpa pour luy garder ce secret, de luy donner pour sa part une veine, depuis appellée de Diego-Centeno, qui estoit proche de la veine riche, laquelle n'estoit pas moins abondante en metail mais seulement plus dure à foüiller ; ainsi ils partagerent entre eux deux le Roc le plus riche du monde ; Mais il avint un jour que l'Indien Guanca trouvant quelque difficulté à foüiller sa mine, pour estre trop dure, & Gualpa ne luy voulant faire part de la sienne, ils eurent débat ensemble, & Guanca alla découvrir ce mesme tresor à son Maître, appellé Vvillaroel Espagnol, lequel en voulant connoître la verité, fut à Potozi, & y trouvant la richesse que son serviteur luy avoit declaré, se firent aussi-tost enregistrer, demeurant ainsi Seigneurs de cette veine, à laquelle ils donnerent le nom de Diego Centeno, & en firent tirer l'argent comme de leur propre, en payant seulement au Roy son droit de cinquiéme ; De maniere que le premier enregistrement qui fut fait des mines de Potozi, fut le 23. Avril de l'année 1545. au territoire de Porco ; & incontinent apres l'on en découvrit une autre, qu'on appella la veine d'Estain fort riche, mais tres-fâcheuse à y travailler, pour estre son metail tres-dur. Cét Autheur rapporte encore que depuis il s'en trouva une quatriéme, à laquelle on donna le nom de Mendieta, & qu'elles furent toutes enregistrées comme estant les quatre principales veines de la Montage de Potozi.

Il se dit de cette premiere veine qui fut découverte,

&

& à laquelle on a donné le nom de riche, que son metail étoit hors de terre de la hauteur d'une lance, en façon de rocher, & qu'il demeura découvert par un deluge, ayant resisté à la force & à l'impetuosité des eaux, qu'il y avoit la moitié d'argent, & que cette veine continua en sa richesse jusques à cinquante ou soixante stades de profondeur, chacune de la hauteur d'un homme; & qu'ainsi furent découvertes ces mines par la Providence divine, laquelle *dit le mesme Accosta en l'honneur de sa Patrie*, a voulu que la plus grande richesse qui ait jamais esté fût cachée pendant plusieurs siecles, pour la découvrir dans le temps que Charles-Quint estoit Maître des Indes.

L'on tient qu'aussi-tost que cette Montagne fut connuë, plusieurs Espagnols habituez en la Ville appellée d'argent, mesme plusieurs Indiens, & specialement les Guayzadores ou Habitans de Porco vinrent pour y prendre des mines; si bien qu'en un temps fort bref, cette Montagne de Potozi, ou pour mieux dire cette Ville d'argent fût la meilleure & plus grande habitation de tout le païs.

Il ce remarque que du temps d'Annibal il se trouva une mine dans les Monts-Pyrenées, qui avoit de profondeur cinq cens pas, de laquelle on tiroit chacun jour trois cens livres d'argent qui sembloit une merveille, mais qui toutefois n'approchoit point de la richesse qui se trouva à Potozi; dans les commencemens de sa découverte s'estant remarqué selon les regiftres qui s'y tenoient, qu'on en tiroit par chacune semaine deux cens mille pesés, qui estoit par chacun jour environ trente deux mille, dont seulement le cinquiéme revenoit au Roy d'Espagne, & encore dit on, que cette suputation qui s'en faisoit n'étoit qu'à l'égard de celuy qui se quintoit, ce qui fait croire que peut estre la moitié de cette richesse ne se manifestoit pas, à cause que dans le Perou l'argent dont on se servoit, tant aux ouvrages qu'aux Monnoyes, estoit appellé argent courant qui ne se marquoit point.

On a bien encore parlé de certaines mines de Babello où

B

fe trouvoit de l’argent; mais à force d’y creufer l’on y trouva l’eau qui donna vn grand empefchement d’en tirer la matiere. Quant à celle de Potozi, quoy qu’on aye foüillé plus de quatre cens ftades ou hauteurs d’hommes, l’on n’y a jamais trouvé d’eau, ce qui a donné lieu à une feconde obfervation. Qu’en l’année 1585. le compte qui avoit efté fait en la Cafe ou Doüane de Potozi eftoit de cent millions de pefes d’effais, dont chaque pefe valloit treize reaux un quart, fans compter en cela l’argent qui avoit efté quinté aux autres Cafes Royales & fans l’argent courant mis en œuvre, qui femble une chofe incroyable: Et encore dit-on que les regiftres des quints ne fe pefoit pas avec tant d’exactitude, veu mefme qu’ils comptoient par romaine, tant eftoit grande l’abondance de ce metail.

Quelques Anciens fe plaignoient autrefois du premier Inventeur des mines, parce que difoient-ils le danger eftoit grand à tirer les metaux. Vn Autheur particulier ajoûte qu’encore bien qu’il y eût plufieurs mines dans l’Italie qui pouvoient apporter un grand revenu dans le pays, les Magiftrats empefchoient neanmoins d’y travailler, finon de temps à autre, afin de conferver les peuples. Mais comme dans la fuite des temps il a efté neceffaire de faire recherche de toutes les mines, & particulierement de celles qui ont efté découvertes en la montagne de Potozi, on a efté auffi obligé d’y employer grand nombre de perfonnes, pourquoy les Efpagnols & Indiens y ont fait travailler tous leurs Subjets comme tributaires; & d’autant plus que chacune des quatre principales veines dont il a efté parlé, avoient diverfes mines diftinctes & feparées, dont chacune eftoit de longueur & hauteur differente; les grandes contenant quatre-vingt verges (qui eftoit tout ce que l’Ordonnance du Pays permettoit) & les moindres n’en contenant que quatre. Les unes profondes de deux cens cinquante ou trois cens ftades, & les autres feulement de cent vingt ou de cent quarante.

Il faut fçavoir que pour remedier à cette profondeur,

on a fait par les côtez des mines, des ouvertures d'environ huit pieds de large & d'une ſtade de haut, leſquels les Indiens appellent Socabons, qui ſont caves ou mines faites au pied de la montagne pour travailler avec moins de couſt, de peine & de danger. Leſquels Socabons s'ouvrent & ferment avec des portes, d'où l'on tire les metaux en payant au proprietaire du Socabon le cinquiéme, & encore avec une peine incroyable, parce qu'on y travaille dans une obſcurité continüelle, ſans ſçavoir quand il eſt jour ou quand il eſt nuict, y faiſant un ſi grand froid, que les hommes qui n'y ſont pas accoûtumez n'y peuvent reſter une heure ſans en eſtre tres-incommodez : Auſſi c'eſt pour ce ſujet que ceux qui travaillent le jour ſe repoſent la nuict, & d'autres qui travaillent la nuict ſe repoſent le jour.

Des ouvertures des mines appellées Socabons.

La maniere de travailler aux mines,

Il eſt à remarquer que comme ce metail eſt communement dur, on le romp à coups de marteau, & que pour le tranſporter les gens prepoſez pour cét effet montent ce metail ſur leurs épaules par des échelles à trois branches, de ſorte qu'en chacune de ces échelles l'on y peut monter & décendre : Elles ont environ cinquante pieds de haut, & à la fin de l'une l'on commance à monter à une autre de meſme longueur où ſe trouve d'ordinaire des ſieges faits en forme de galeries où ces pauvres Miniers ont coûtume de ſe repoſer. Et comme ils y montent aſſez ſouvent trois enſemble ; le premier qui monte a une chandelle à ſon poulce, daurant que comme il a eſté dit, il n'y a nulle lumiere du Ciel, qui les oblige de ſe tenir à ces échelles des deux mains. Ce qui donne de l'épouvente à y penſer, & qui fait dire que ce metail donne autant de travail à le tirer & rechercher, comme il peut apporter de contentement eſtant poſſedé.

Grande difficulté pour apporter l'argent du plus profond des mines.

Ces veines dont j'ay parlé courent ordinairement entre deux rochers qu'on appelle la chaſſe, l'vne eſt tres-dure & l'autre molle, & ne ſe trouvent pas toûjours égales, y ayant une certaine veine fort riche qui s'appelle Caſilla ou Tacana, d'où l'on en tire beaucoup d'argent, & l'autre pau-

Quelle eſt la couleur de l'argent lors qu'il ſe tire de la mine,& de la cõnoiſſance qu'en ont les miniers.

vre, d'où l'on en tire fort peu. Ce metail le plus riche eſt d'une couleur d'ambre, d'autre tire ſur le noir, autre ſur la couleur rouſſe, & d'autre ſe trouve encore de couleur de cendre, en ſorte que ces diverſes couleurs font qu'il ſemble à ceux qui ne les connoiſſent point que les morceaux de metail ſoient des pierres de nulle valeur. Mais les Miniers qui en connoiſſent incontinent la qualité par certaines veines qu'ils y voyent, s'y attachent auſſi-toſt qu'ils en rencontrent, & dit-on que le metail le plus riche s'affine dans les fourneaux, & que pour le mieux fondre, les Indiens y jettent une certaine drogue qu'ils appellent *Sorroche*, puis étant fondu & purifié, ils ont de coûtume d'en tirer de chacun quintal trente, quarante, ou cinquante peſes d'argent. Celuy qu'on nomme pauvre metail eſt celuy qui d'un quintal ne rend pas d'eux ou trois peſes & eſt fort ſec. C'eſt pourquoy dans le Pays

Pluſieurs manieres d'affiner l'argent.

on ne le peut affiner par le feu, & pour cette raiſon il s'eſt veu pendant un long-temps quantité de morceaux de ce metail jettez & abandonnez, comme l'écume des bons, juſques à ce qu'on trouva moyen de l'affiner avec du vif argent, afin de pouvoir recueillir les parties de l'argent lorſqu'il eſt broüillé & pillé en des mortiers. Ce qui ſe fait en diverſes manieres & avec differens inſtrumens, dont la plus ordinaire eſt avec des moulins à eau tournez par des chevaux. Et comme l'eau n'eſt pas commune à Potozi, & qu'on ne peut ſe ſervir que de celle de pluye, les habitans du Pays ſont obligez à faire des eſtangs avec des écluſes pour quand ils ont beſoin en prendre ce qui leur en faut.

Ces mortiers où l'argent ſe broye ont les uns ſix pillons, les autres douze, & les autres quatorze, que les moulins à eau tournent & travaillent jour & nuiĉt: Et ce qui a eſté moulu eſt ſaſſé & puis fondu, ainſi qu'il a eſté dit cy-devant. Apres-quoy pour en faire l'eſſay, on le porte à l'Eſſayeur qui prend de chacune piece un petit morceau, en la maniere qu'il eſt uſité en France. Et apres l'eſſay fait, le tiltre auquel il s'eſt trouvé eſt marqué ſur la piece par des Controlleurs députez par le Roy.

Vn autre Autheur parlant de certaines mines découvertes en des contrées de l'Europe voisines de France,
dit que pour affiner l'argent, on conduit l'eau aux cimes
des montagnes où font les mines, & enfuite que l'on
creufe de grandes foffes juftement fous la cheute de ces
mefmes mines aufquelles on laiffe cinq clefs ou ouvertures; & encore dit-il qu'il y a grande peine à décendre
en la plaine, ce qui oblige à faire plufieurs tranchez,
foffes ou canaux pour recevoir l'eau qui tombe de l'éclu-
fe qui eft fur la montagne, & que ces tranchées ou foffes
font pavées de degré en degré : Ajoûtant que pour retenir la matiere qui pourroit échaper, on fe fert d'une
certaine herbe appellée *vlyx* qui eft extrémement âpre,
& mefme que pour rendre la cheute des eaux plus égale
& plus rapide, on a accoûtumé de fermer les canaux de
côté & d'autre avec des ais foutenus par des chevalets.
Il dit encore que dans ces mines d'argent qui fe trouvent
en ces quartiers, il s'y rencontre de trois fortes de litarge,
appellées des Latins *Argenti Spuma* : L'une appellée
litarge dorée qui fe fait de la mine d'argent : L'autre
litarge blanche qui fe fait d'argent appellée la plombine:
Et que la troifiéme forte fe fait de plomb meflé avec l'argent. Que toutes ces litarges fe font apres que la mine
eft fonduë, & qu'elle eft coulée dans la foffe ou conche
qui eft la bouche du fourneau, auquel lieu on l'écume ou
avec des broches de fer, ou à force de foufflets, dautant qu'elle nage d'ordinaire fur la matiere, & qu'à proprement parler cette litarge eft l'écume de l'argent, qui
fe purifie dans les fourneaux.

CHAPITRE IV.

Du Vif-argent & de ses effets merveilleux.

Quel estoit l'estime du vif-argent du temps des Anciens.

LE vif-argent se trouve en une maniere de pierre. Et Pline remarque au Livre trente-troisiéme de son Histoire Naturelle chapitre sept. Que les Romains appelloient cette pierre *Minium*, c'est à dire vermillon : Qu'ils avoient de coûtume d'en peindre la face de Iupiter : Et que les Ethiopiens en frottoient les corps de ceux qui triomphoient en guerre. Il ajoûte qu'il estoit tellement estimé par ces Romains, qu'ils avoient de coûtume de le faire apporter à Rome en pierre, comme il estoit sorti de la mine & scellé, de crainte que l'on en dérobast, & dit encore qu'il s'y en apportoit d'Espagne, particulierement de l'Andalusie environ dix mille livres qu'ils estimoient un grand Tresor.

En quel têps furent découvertes les mines de vif-argêt au Perou.

Accosta en son Livre quatriéme chapitre onze, dit qu'és années 1566. & 1567. Lors que Castro gouvernoit au Perou, on découvrit des mines de vif-argent par l'adresse d'un appellé Henricque Guarces Portugais, lequel ayant trouvé un morceau de cette pierre appellée des Indiens *Limpi*, se transporta au terroir de Guamangua pour en faire l'essay : Et que comme il eût reconnu que là veritablement estoit la mine du vif-argent. Il en avertit le Gouverneur qui fit aussi-tost peupler le lieu d'Espagnols & d'Indiens pour y travailler. Et ajoûte que peu de temps apres il fut découvert une autre mine par un Indien d'Amador de Cabrera appellée *Mavincopa* du Bourg d'Acoria, qui la fit enregistrer en son nom, qui estoit un Rocher tout remply de vif-argent, de telle grandeur qu'il s'étendoit plus de quatre-vingts varres ou stades en longueur & quarante en largeur, & où depuis furent faits plusieurs puits ou fosses d'une telle profondeur, que trois cens hommes y pouvoient travailler ensemble. Que cet Indien eût de son droit deux cens cinquante mille Ducats. Qu'il eût pû en avoir cinq cens mille & mesme un million, s'il eût sceu ménager son affaire.

Ce mesme Autheur observe que ce qui a rendu ces mines si considerables, fut qu'un homme appellé Pero Fernandes de Velasco s'offrit de tirer l'argent de Potozi avec le Mercure ou vif-argent. Et que comme il y eut reüssi dés l'an 1571. on commença d'affiner l'argent avec le vif-argent que l'on y portoit de Guancavalicqua, qui fut un excellent remede pour les mines, d'autant qu'on tira une quantité infinie de ces metaux impurs, dont ils ne faisoient point d'estat, & qu'ils appelloient pauvres ou raclures. Aussi dit-on que le Roy d'Espagne de ce temps tiroit un tel revenu de ce metail par chacune année, qu'il se montoit à plus de quatre cens mille peses, dont chacune (comme il est dit cy-devant) alloit à quatorze reaux, sans qu'il luy en coûta rien, & sans risque pour les faire transporter.

Pour sçavoir comme on épure le vif-argent, il faut entendre que l'on prend la pierre où il se trouve, laquelle on met au feu en des pots de terre, de sorte que cette pierre venant à se fondre par la chaleur du feu, le vif-argent s'en separe, & en sort en exhalaisons jusqu'à ce qu'il rencontre quelques corps où il s'arreste & se congele. Que si par un mauvais effet il passe outre & ne rencontre aucun corps il va jusqu'à ce qu'il soit refroidy & congelé, & lors que la fonte est achevée on détouppe les pots, & ce metail estant ainsi refroidy, on le transporte dans les magazins du Roy d'Espagne, d'où on le tire pour l'apporter par mer à Ariqua, puis par terre jusques à Potozi, où on dit qu'il s'en consume d'ordinaire par chacune année pour l'affinage des metaux plus de six ou sept mille quintaux, sans ce que l'on tire des lames qui est le terrestre & l'ordure des premiers lavoirs des metaux, lesquelles lames se mettent apres en des fourneaux pour en tirer le vif-argent, qui sont au nombre de plus de cinquante en la ville de Potozi, & en Tarpaya. Et dit-on

En quel téps on a commencé d'affiner l'argent avec le vif-argent, & qui en a esté l'inventeur.

Importantes necessitez de l'usage du vif argent pour l'affinage des metaux impurs appellés pauvres & proprement la raclure des bons.

Maniere d'affiner le vif-argent estant en pierre.

Ce qui se consume de vif-argět par année pour affiner l'argent.

De la quantité d'argent qui s'affine tous les ans.

encore que la quantité d'argent que l'on affine par le moyen de ce vif-argent, ainsi que quelques hommes experimentez en ont fait compte, se peut monter à plus de trois cens mille quintaux par an.

Pour parvenir à cét affinage, l'on pille & meut le metail fort menu avec des instrumens qui frapent & broyent cette pierre comme des moulins, & estant le metail bien pilé, on le sasse dans des sas de cuivre qui rendent la poudre fort deliée, lesquels estans bien accommodez & entretenus font d'ouvrage trente quintaux en un jour & une nuict : Et cette poudre ainsi sassée se met en certains cassons appellez buitrones, dans lesquels on mortifie avec de la graisse ce metail, en mettant à chaque cinquante quintaux de poudre cinq quintaux de sel, qui separe par une proprieté admirable la terre & l'ordure qui se rencontrent meslés avec l'argent fin. Ce vif-argent mis en un linge on le presse, d'où il en sort comme une rosée. Apres quoy, ce Mercure ayant tout assemblé l'argent sans en laisser, s'en estant imbu comme l'éponge fait de l'eau, on le met en des chaudieres & vaisseaux pleins d'eau, ou avec des moulinets on tourne ce metail qui demeure comme en espece de sable. Et estant lavé pour la seconde fois en des cuves pleines d'eau on acheve de faire tomber la terre, laissant l'argent & le vif argent seuls. N'y restant plus de terre on le met en un linge & on le presse en telle maniere que tout le vif-argent en sort, n'en demeurant plus rien incorporé avec l'argent. Et le marc de ce qui reste ne laisse en soy que la sixiéme partie d'argent, & les cinq autres de Mercure; tellement que s'il reste une pille ou marque de soixante livres, les dix sont d'argent, & les cinquante de vif-argent. De ces marcs il s'en fait des pines du poids de cent livres, qui sont en forme de pains de sucre creusez par dedans. Et afin de pouvoir separer l'argent d'avec le vif-argent, on le met en un feu violent dans un vase de terre à la façon d'un moule en forme de capuchon, & l'ayant ainsi couvert on luy donne le feu,

par

par lequel le vif-argent s'exhale en fumée, s'épaiſſit &
diſtile par un canal en façon d'alambic qui reçoit tout
ce qui tombe, demeurant ainſi l'argent ſeul, lequel ne ſe
change ny en la forme ny en la figure, mais bien au poids
qui diminuë, comme il vient d'eſtre dit, de cinq parts
moins qu'auparavant, demeurant creſpu & ſpongieux,
qui eſt une choſe digne d'eſtre veuë, & de deux de ces
pines on en fait une barre d'argent du poids de ſoixante-
cinq ou ſoixante-ſix marcs. De cette façon on le
porte eſſayer, quinter & marquer, ce qui ne reçoit jamais de difficulté pour la marque ; car il eſt tellement
épuré & fin eſtant tiré avec le vif-argent, que jamais
il ne diminuë d'un grain. Ainſi la maniere en laquelle
on tire, prepare & affine l'argent eſt toute admirable ;
car auparavant qu'il ſoit nettoyé de la terre & pierre ou
il s'engendre, on le purge & purifie ſept fois, quelquefois
dauantage, juſques à ce qu'il demeure pur & fin.

LIVRE II.

CHAPITRE I.

*Des Titres aufquels l'or & l'argent font employez
à Paris.*

REMIEREMENT, il faut entendre qu'il y a vingt-quatre carats de fin à l'once d'or, laquelle eftimée à raifon & fur le pied de cinquante-quatre livres l'once , produit quarante-cinq fols pour chacun carat : Et quant à l'argent qu'il y a de fin, douze deniers par marc , dont chacun denier compofant vingt-quatre grains, fait à raifon de trente livres le marc fin cinquante fols pour chacun denier.

Cela ainfi expliqué, fera connoiftre dans la fuite de ce Traitté, quel eft l'avantage du plus au moins en tous les Païs ou l'or & l'argent fe travaillent. Encore bien que ce Difcours femblera en quelque façon étrange à d'aucuns , de ce que l'on n'employe point dans la fabrique des ouvrages, l'or & l'argent avec la mefme pureté qu'il eft tiré de fon affinage. Mais pour l'intelligence de ce fait, on répond que les metaux, tant à l'égard de l'or que de l'argent, fortans de la terre ou du moins de leur premiere fonte & affinage font tellement mols, qu'à moins que les ouvrages que l'on voudroit en faire ne fuf-

Combien il y a de carats à l'once d'or, & combien de deniers au marc d'argent.

Pourquoy l'or & l'argent ne fe peuvent pas employer avec la même pureté qu'ils font tirez de leur affinage.

L'aloy est un mélange d'argent & cuivre qui donne du corps à l'or.

sent tout à fait forts & d'un poids excessif, ils ploiroient sous la main sans aucune resistance. Que c'est aussi le sujet pourquoy on mesle sur chacune once d'or fin deux carats d'aloy pour le faire revenir à vingt-deux carats. Et quant à l'argent on y mesle douze grains d'aloy sur marc qui le rend à onze deniers douze grains.

CHAPITRE II.

De l'ordre observé à Paris pour les essais d'or & d'argent.

De la necessité qu'il y a eu d'apporter des Reglemens particulierement sur le fait côcernant l'Orféverie.

VN chacun tombe d'accord qu'il seroit tres à propos & fort commode pour l'usage ordinaire, que l'on travaillast dans les autres lieux l'or & l'argent au mesme titre qu'en France, & sur tout qu'à Paris. Ce qui fait en quelque façon trouver à redire de ce qu'estant la capitale du Royaume, on y travaille à un certain titre avantageux ; & qu'en toutes les autres Villes, il y aye diversité d'allayments (& peut-on dire tous inferieurs à celuy de Paris) ce qui neanmoins ne semblera pas étrange si on considere qu'il y a un Bureau étably à Paris, dans lequel il y a en tout temps six Maistres & Gardes des Marchands Orfevres qui veillent & s'appliquent à faire les essais des ouvrages & matieres à la copelle, avec toute l'assiduité & exactitude possible, lesquels par ce moyen empeschent les malversations & abus, en biffant & difformant les ouvrages dont la matiere se trouve deffectueuse & marquent du contrepoinçon de la Ville ceux qui se trouvent au titre. Ce qui n'est pas si religieusement observé dans les autres Royaumes ou Republiques, ny mesme dans les autres Villes de France, & particulierement en celles où il n'y a point de fabriquation de Monnoye, attendu que l'on n'y fait pas les essais à la copelle

Pourquoy les ouvrages d'or & d'argét marquez du poinçon de Paris, ont plus de reputation que les autres.

Que les essais d'or & d'argent dans les autres Royaumes, Monarchies & Republiques ne peuvent aainſi qu'à Paris, mais ſeulement à la languette, c'eſt à dire, levant un petit morceau de la piece à l'échope, l'aiſſayent ſimplement au feu, & ne jugent enſuite de la bonté que ſur la blancheur.

Quant aux ouvrages d'or & d'argent qui ſe fabriquent à Paris, l'or doit eſtre à vingt-deux carats. Pour l'argent à vnze deniers douze grains. Mais comme le changement du temps, c'eſt à dire le ſec ou l'humide peuvent cauſer plus ou moins d'ardeur à donner quelque varieté dans le feu, lors que l'argent s'épure au fourneau. Pour cette conſideration les Ordonnances ſur le fait de l'Orfeverie tollerent en quelque façon deux grains de remede ſans neanmoins qu'il ſoit tiré à conſequence que ce remede de deux grains puiſſe eſtre eſtably pour loy.

En toutes les autres Villes de France, les ouvrages y devroient eſtre fabriquez au meſme titre qu'à Paris. Toutefois pour les raiſons dont j'ay parlé cy-deſſus, il y a preſque toûjours de l'alteration : Et en d'aucunes villes beaucoup plus qu'en d'autres : Auſſi les ouvrages marquées au poinçon de Paris ſont en beaucoup plus d'eſtime, & l'argent en eſt toûjours plus vendu qu'il n'eſt en toute autre Ville du Royaume, peut-on dire de toute l'Europe, & meſme de tous les Pais du monde.

CHAPITRE III.

De l'vsage des Pays Estrangers en leurs essais d'or & d'argent.

*Diverses o-
pinions tou-
chant les ti-
tres ausquels
se trouvent
l'or & l'ar-
gét qui s'em-
ployent dans
la plus gran-
de partie de
l'Europe.*

ON a voulu rapporter qu'aux autres Provinces de l'Europe, sçavoir, à *Rome* & *Naples*, on y travailloit l'or à vingt-un carat & demy, & l'argent à dix deniers douze grains ou environ; à *Madrid* & *Vienne*, en *Portugal, Hongrie, Pologne* & *Turquie*, l'or a vingt-deux ou vingt-un carats trois quarts, & l'argent à vnze deniers quatre ou six grains; en *Savoye* & en la ville d'*Anvers* à vingts carats trois quarts, l'argent à vnze deniers; en *Alemagne, Franche-Comté, Lorraine*, à *Sedan, Geneve*, en *la Suisse, Orange* & *Avignon*, l'or à dix-huict ou dix-neuf carats; l'argent à dix deniers ou dix deniers douze grains. Mais sans vouloir blasmer ceux qui en ont écrit, j'estime qu'il est tres - difficile d'apporter un titre certain aux matieres d'or & d'argent qui s'employent en tous ces endroits de l'Europe, particulierement à l'or dont ils ne font l'essay qu'à la touche & non à l'eau. Et

*Qu'il y a beau-
coup d'incer-
titude au ti-
tre de l'or &
de l'argét des
Pays Estran-
gers, & qu'il
est fort ne-
cessaire d'en
faire un essay
avant que de
s'en servir.*

quant à l'argent, comme j'ay remarqué, qu'ils n'en font point les essais à la copelle, mais seulement à la rature ou à la languete. C'est pourquoy il semble qu'il eust esté bien plus à propos de n'en point parler, du moins de n'en parler pas si positivement, puis qu'aussi bien on tombe d'accord qu'en la pluspart de ces Royaumes ou Republiques on travaille l'or & l'argent à quel titre les ouvriers veulent, c'est à dire selon que la matiere leur vient en la main.

LIVRE III.

CHAPITRE I.

De l'or & de l'argent employez en la fabriquation des Monnoyes.

L eſt neceſſaire d'obſerver qu'à l'égard de l'argent monnoyé dans les vingt quatre Bureaux des Monnoyes qui ſont dans le Royaume, on y fabrique toutes les Monnoyes chacune dans leurs eſpeces, dans le meſme aloy, & au meſme titre, ſans qu'il y aye ou doive avoir aucune alteration plus à l'une qu'à l'autre. Et c'eſt pourquoy il y a (du moins peut-on dire en toute la France) des Generaux des Monnoyes pour faire rendre raiſon aux Maiſtres des Bureaux de leur conduite en l'exploitation & regie de leurs Fermes, & de la fabrique des eſpeces. Et pour en mieux connoiſtre, chacun deſdits Bureaux a ſa marque, c'eſt à dire, ſa lettre ſinguliere, comme Paris a l'A, Roüen le B, & ainſi des autres.

Dans les commencemens de la fabriquation des Monnoyes, l'or & l'argent ſe ſont trouvez fort differens d'allayage : Et Pline en ſon Livre 33. chapitre 3. rapporte que lors des premiers temps on ne ſçavoit que c'eſtoit des eſpeces de Monnoyes & que l'on payoit au poids, c'eſt à dire, que ſelon la matiere du metal on en donnoit plus ou moins. Que les Romains apres la deffaite de Pyrrhus Roy d'Albanie en inventerent l'uſage : Et que pendant le regne de Servius Tullus on fabriquoit de certaine Mon-

Chacunes des Mõnoyes dans leurs eſpeces ſont toûjours eſgales en bonté d'aloy, & que pour en prevenir les manquemens on a eſtably des Generaux des Mõnoyes

Que dans les premiers temps on dõnoit les matieres d'or, d'argent & de cuivre au poids, & qu'il ne ſe parloit point de Mõnoyes.

noye d'erain, qui avoit pour marque une Brebis que les Latins appelloient *Pecus*, d'où on tient qu'a procedé le nom de Pecune. On ajoûte que tout le bien des meilleures maisons ne consistoit qu'en ce metail, dont le plus qu'il s'en pouvoit trouver dans chacune n'estoit que d'environ cent dix mille as pesant. Et que du temps du Consulat de Quintus Fabius, cinq cens quatre-vingts cinq années apres la fondation de Rome, on commença à connoistre la Monnoye d'argent.   Qu'en ce temps furent fabriquez certains deniers marquez d'un Ianus d'un côté, & d'un épron de navire de l'autre, qui avoient cours pour dix as, le demy denier appellé Quinarius pour cinq, & le sesterce qui estoit la quatriéme partie du denier pour deux & demy.

Mais que comme la guerre eût une grande suite, & que les Romains ne pouvoient fournir aux frais, il fut avisé de diminüer le poids de la Monnoye d'erain: Et qu'ainsi les as qui avoient le poids de douze onces furent reduits à deux; au moyen de quoy les Romains, ayants gagné les cinq parts sur la Monnoye, s'aquitterent facilement de ce qu'ils pouvoient devoir.

Quintus Fabius estant Dictateur de la Republique, ayant Annibal en teste en une guerre qui dura plusieurs années, fit fabriquer des as du poids d'un once & establît un certain taux aux Monnoyes, ordonnant que le denier se prendroit pour seize as & le demy pour huit & le sesterce pour quatre: lesquels as Papyrus fit du depuis reduire à demy once, & fit ordonner que le denier se prendroit pour trente as, le demy pour seize, & le sesterce pour huict, mais que neanmoins dans le Camp il ne seroit exposé en paye aux soldats que pour dix as, comme ils avoient esté evaluées dans leur premiere fabrique.

Quelques Autheurs soûtiennent que Livius Drusus estant Consul, il fut fait un allayement aux Monnoyes, sçavoir un huitiéme de cuivre sur les sept huitiéme d'argent. Et que depuis luy, Claudius fit battre certaine Monnoye appellée *victoriatum*, laquelle auparavant s'apportoit d'Esclavonie. Et ajoûtent qu'aussi-tost les guerres cessées, ces

Empereurs

Empereurs par fucceffion remirent enfin peu à peu les Monnoyes au mefme prix qu'elles avoient efté avant les guerres.

Quant à la Monnoye d'or, on connoift, par ce qui fe remarque, qu'elle n'a eu cours que foixante-deux années aprés la Monnoye d'argent. Qu'il ne s'en fabriquoit que pour les urgentes neceffitez de la guerre, & pour une plus grande facilité de les tranfporter. Mais comme depuis ce temps on a découvert les Mines d'or & d'argent, & que cette Monnoye d'or fut trouvée tout à fait neceffaire, chaque Souverain defira que dans fon Païs il y eût fabriquation de Monnoye d'or, d'argent, billon & cuivre pour la facilité du commerce, ce qui s'eft tellement ufité de temps à autre, qu'il n'y a pas feulement à prefent les Royaumes ou Empires qui ayent fabriquation particuliere, mais on peut dire qu'il n'y a aucune Principauté, Duché, ou Republique dans toutes les parties du monde qui n'ayent leurs Monnoyes feparées, qui d'ordinaire fe rencontrent fort peu en bonté d'aloy, ce qui provient de ce qu'un pays n'ayant de Loix à prendre que de luy-mefme, chacun Souverain qui le gouverne, hauffe ou diminuë la Monnoye comme il luy plaift, quoy que pourtant on aye toûjours evalué la Monnoye d'or à quatorze fois autant que celle d'argent, de forte qu'une piece d'argent du poids d'une once avoit fon cours pour un écu, celle d'or qui fe trouvoit du mefme poids en valoit quatorze, (prefupofé que ces pieces ne different point de bonté d'aloy l'une de l'autre chacune dans leur efpece,) comme elles different quelquefois, & comme il s'en rencontre en *Pologne*, *Angleterre*, *Alemagne*, *Venize*, & autres lieux, où on y voit les *Iacobus*, les *Sequins* & les autres menuës efpeces eftre d'or fin à vingt-trois & demy carats, & les Monnoyes d'argent n'eftre qu'à dix & demy ou vnze deniers, lefquelles à proportion de celles d'or devroient eftre à vnze deniers vingt ou vingt-deux grains, auquel cas l'evaluation de l'or & de l'argent doit eftre autrement confiderée. Et la piece d'or doit paffer pour dix-fept ou dix-huict fois autant que celle d'argent, ce qui se connoist aux Monnoyes qui ont presentement cours dans l'Europe.

CHAPITRE II.

De l'employ que faisoient les Romains des metaux d'or & d'argent.

APRES avoir fait entendre fort sommairement ce qui est de l'origine des metaux, leur usage & les moyens de les affiner dans le Perou, & des titres ausquels ils s'employent, particulierement à Paris, j'ay trouvé qu'il estoit en quelque façon important de faire connoistre quel a esté l'ancien usage de ces mesmes metaux du temps des Romains, & depuis chez les Yncas au Royaume du Perou, soit pour l'embellissement de leurs maisons, soit pour la somptuosité de leurs meubles, & pour les ornemens, vazes, & autres choses servantes à leur usage, soit aussi pour le service & l'usage des peuples.

Que les Romains ont esté les premiers qui ont eu connoissance des mines.

Les Anciens Romains ont esté les premiers curieux de metaux, en ce qu'ils ont esté les premiers qui ont eu connoissance des mines, où ils se trouvent. Aussi remarque-t'on, non seulement qu'ils en employoient en leurs sacrifices, & dans leurs armées où les Chefs portoient jusques à leurs boucliers & armes de pur or, mais encore qu'il s'en employoit beaucoup parmy leurs femmes, veu mesme que celles du commun peuple en portoient (dit-on) jusques à leurs pieds.

Recherches de Pline sur l'employ des metaux d'or & d'argent du temps des Romains.

Si on peut donner quelque croyance à l'Histoire, Pline en son Livre trente-troisiéme Chapitre trois, rapporte que Marc-Antoine avoit l'or en telle estime qu'il ne se servoit que de vaisseaux d'or & d'argent : Philippes Roy de Macedoine avoit de coûtume en se couchant, de faire apporter devant luy plusieurs couppes d'or. Cyrus en fit un tel amas de son temps, qu'apres sa mort il s'en trouva pour plus de trente-quatre millions, fuivant la remarque qu'en a fait cét Hiftorien, fans plufieurs vafes, cuves & baignoires qu'il eut de la dépoüille de Semiramis : Il dit encore que Ebufopes Roy de Mangrelia ayant découvert les mines d'or & d'argent en la Terre des Samniens, fit que l'or fin eftoit fi commun, qu'on le ramaffoit dans l'eau avec des peaux de brebis, d'où eft venuë la Fable de la Toifon. En effet, il fe remarque qu'il fit faire les voutes de fon Palais d'or, les poûtres des chambres, les colomnes, les jambages & les portes toutes d'argent, lefquels il fit voir au peuple Romain apres avoir vaincu Sefoftris Roy d'Egypte. Il ajoûte que Cefar eftant Edile ou Dictateur, dans les Ieux qu'il fit faire apres les funerailles de fon Pere, fit entre autres chofes parer d'argent tout le Palais du Colifée. Et que cette fomptuofité fut telle que toutes les chofes deftinées pour le combat, jufques à celles qui fervoient aux animaux eftoient d'argent. Que Cajus Antonius pendant fon Gouvernement fit faire tous les jeux publics fur des échafaux d'argent : Et qu'à fon exemple plufieurs Villes de l'Empire Romain en ufoient de la mefme façon. Il dit encore que Lucius Murena, & l'Empereur Cajus faifoient conduire dans les jeux publics de certaines tables d'argent qui s'élevoient peu à peu par machines en efpece d'échafaut, qui pefoient jufques à cent & fix vingt milliers de livres. Que l'Empereur Claudius retournant victorieux des Anglois, dans la marche de fon triomphe faifoit porter devant luy deux grandes couronnes d'or, l'une qui luy avoit efté envoyée par les François, & l'autre qu'il avoit conquife en la haute Efpagne. Et qu'au Sac de Rome lors qu'elle fut prife, 364. années apres fa fondation, il fut trouvé dans le Capitole deux millions pefant, qui furent donnés aux François avec plufieurs grands ouvrages d'or & d'argent qu'ils rencontrerent dans la Ville & dans les Temples.

On remarque que Neron pendant un jour entier qu'il voulut faire montre de fes Trefors à Tyridate Roy d'Armenie, ordonna entre autres chofes que le Theâtre de

Pompée fût tout couvert d'or, outre qu'en son Palais qui contenoit une bonne partie de la ville de Rome, tout fût revétu d'argent. Et, dit-on, que du temps du Consulat de Sextus Iulius & de Lucius Marcius, il y avoit à Rome un tresor où estoient cent quarante-six milliers d'or en masse, & autant en argent, outre six à septmil sesterces en deniers comptans qui servirent beaucoup pendant les guerres, dautant que Cajus Cesar dans le besoin qu'il eust pour soûtenir l'armée, tira de ce tresor vingt-six mille tuilles d'or massif, & trois quintaux d'or monnoyé, lesquels neanmoins furent remis dans le Capitole du temps d'Æmilius Paulus, apres qu'il eût deffait Perseus Roy de Macedoine; & mesme il se dit qu'il fit lever les imposts & subsides qui estoient pour lors dans la ville de Rome.

Du tresor de Rome lors du Consulat de Sextus Iulius

CHAPITRE III.

De l'employ des metaux d'or & d'argent du temps des Yncas au Perou.

Quels ont esté les somptuositez des Yncas en la possession des metaux d'or & d'argent.

IL y auroit sujet de s'estonner de ce qui est rapporté de ces anciens Romains, si l'avidité de posseder ces metaux d'or & d'argent ne s'estoit point perpetuée de temps à autre parmy les peuples, & particulierement parmy les Indiens du temps qu'ils étoient possesseurs du Perou.

Pedro de Cieca au 94. chapitre de son Livre, a remarqué que les Yncas voulans faire paroistre les bastimens des maisons Royales & des Temples qu'ils dedioient au Soleil, usoient en pareille entreprise d'un certain alleage de metaux d'or, d'argent, de cuivre & plomb fondus ensemble, desquels ils faisoient faire les liaisons des pierres pour faire paroistre leurs bastimens plus majestueux & plus admirables : Mais toutefois peut-t'on dire que cette somptuosité a esté trouvée blasmable, & est enfin devenuë la

Vanité des Yncas en la maniere de leurs bastimĕs, & quelles en ont été les suittes.

cauſe de la ruine de ces Edifices. Ce que remarque fort particulierement cét Autheur dans les 42. 60. & 94. chap. de ſon Livre, où il dit que les Eſpagnols s'eſtans rendus maiſtres du Païs, & ſçachant qu'il y avoit eu de ces metaux employez aux baſtimens des Indiens, ils les firent tous demolir, & qu'apres avoir fait mettre à part ce qui eſtoit de meilleur, ils firent departir l'or & l'argent qu'ils y rencontrerent. Et il ajoûte qu'à l'égard de leurs Temples, ils eſtoient tous lambriſſez de lames d'or, que les maiſons Royales eſtoient toutes embellies de figures d'hommes, de femmes, d'oiſeaux & de poiſſons de pur or: Comme auſſi de quantité d'animaux ſauvages: Qu'ils firent auſſi contrefaire des herbes & des plantes entourées de lezards & autres petits animaux, pour leur ſervir de plus grands ornements.

Il obſerve encore que dans les maiſons Royales, il y avoit d'ordinaire des bains avec de grandes cuves d'or & d'argent, où les Yncas du ſang Royal avoient coûtume de ſe laver, & dont les tuyaux par leſquels l'eau eſtoit conduite, étoient de meſme metail. Que la table où ſe faiſoit le feſtin, le ſiege du Roy, tout le ſervice de vaiſſelle, les lambris des chambres ſervant de tapiſſerie étoient d'or. Que les vaiſſeaux de cuiſine & juſques aux pieces les plus viles eſtoient d'argent; & qu'il y avoit en chacune de ces maiſons Royales pareil enmeublement, & pareils ornements de figures dans les cabinets, afin d'exempter les Officiers de la peine de les tranſporter d'un lieu à l'autre, lors qu'ils eſtoient commandez pour marcher en campagne. Il dit auſſi qu'aux environs de ces maiſons il y avoit pluſieurs parterres ou eſtoient plantez autant d'arbres, de fleurs & de plantes, qu'il s'en pouvoit trouver au Païs; que ce qui manquoit à s'y rencontrer, ils le faiſoient contrefaire en or & en argent dans le naturel, avec une telle induſtrie, qu'on pouvoit conſiderer ces arbres & ces plantes avec leurs fruits & leurs feüilles, les uns pouſſant leurs rejettons, d'autres à demy avancés, & d'autres en leur perfection entiere, comme s'ils euſſent eſté en leur maturité.

Quels étoiét les ornemens des Temples & des maiſons Royales

La maniere des bains des Yncas du ſág Royal.

Que toutes les choſes ſervant à l'uſage de l'Ynca eſtoient d'or.

Des Iardins & parterres des maiſons Royales des Yncas.

Outre toutes ces merveilles (ajoûte cét Autheur.) *On voyoit paroiſtre dans les champs les épics de bled faits au naturel avec leurs racines & leurs fleurs, & les pointes de ces épics étoient d'or & le reſte d'argent ſoudez enſemble. Il y avoit encore des greniers & des reſervoirs que les Indiens appelloient* Pirva *, dans leſquels ils ſerroient d'ordinaire ce qu'ils avoient de plus precieux pour ſurvenir aux beſoins des Temples dediez au Soleil & des maiſons Royales, & les murailles de ces greniers ou reſervoirs eſtoient de haut en bas reveſtuës de lames d'or & d'argent, & ces meſmes reſervoirs eſtoient remplis de groſſes barres d'or en forme de bûches imitées au naturel, les unes d'or & les autres d'argent, leſquels ils faiſoient fondre de temps à autre en telle quantité, que la neceſſité de remedier aux choſes les plus importantes le pouvoit requerir.*

Si l'on recherche des marques plus amples de toutes ces choſes, & ſi on veut ſçavoir qui ſont ceux qui en ont fait les plus belles obſervations, on peut voir ce qu'en a écrit *Dom Pedro de Cieca de Leon*, aux chap. 21. 37. 42. 44. & 94. de ſon Hiſtoire des Indes, & apres luy *Auguſtin de Carate* au 14.ᵐᵉ chapitre de ſon premier Livre, qui rapportent que le ſujet pour lequel les Yncas avoient l'or & l'argent en ſi grande abondance, étoit que les Indiens leurs Subjets eſtoient obligez tous les ans de faire un preſent par forme d'offrande dans tous les Temples dediez au Soleil, & meſmes dans toutes les maiſons Royales. Et parlant des ouvrages que les Rois Yncas avoient de coûtume de faire faire pour leur ſervice ou pour les jeux publics, ils obſervent entr'autres choſes que l'Ynca Guayna Capac, apres une feſte ſolemnelle de 23. jours ſur la naiſſance du Prince ſon heritier, entre toutes les principales magnificences qu'il ordonna, fit faire une chaiſne d'or pour ſervir en certains jours, qui s'étendoit d'un bout de la ville à l'autre de la grande place de Cozco, laquelle ſuivant la ſupputation qui en fut faite, pouvoit bien avoir 350. pas, qui eſtoit environ 700. pieds de longueur & chacun chaiſnon de la groſſeur du poignet, en ſorte que quand il eſtoit beſoin de s'en ſervir, comme lorſque le fils aiſné de ce meſme Guayna Capac ſe vouloit divertir en quelque ceremonie, il falloit plus de 200. Indiens pour la ſoulever.

Pour une plus grande marque de cette abondance, ces meſmes Autheurs ajoûtent que toutes ces richeſſes n'é-toient point conſiderables en comparaiſon de celles que les Indiens cacherent au Perou lors de l'arrivée des Eſpa-gnols, dont la quantité eſtoit telle, que ſi on pouvoit re-couvrer toutes les richeſſes qui ſont enterrées dans le Perou, il ne ſeroit pas poſſible d'y mettre un prix, & di-ſent encore que ſi tous les treſors des Yncas, de leurs Temples & de leurs tombeaux eſtoient joints enſemble, ce que les Eſpagnols en ont trouvé lors de leur conqueſte ne ſeroit non plus conſideré en comparaiſon du reſte, que pourroit l'eſttre une goute d'eau tirée d'un grand vaſe qui en ſeroit plein. Et un autre Autheur voulant rendre cette comparaiſon plus naïve & plus croyable, dit que les Indiens parlans de ces richeſſes cachées, prenoient une poignée de bled d'un grand ſac. *Et voila (diſoient-ils) ce que les Chreſtiens ont eu de noſtre or ; car pour le reſte nous meſmes ne pouvons pas dire où il eſt.*

Franciſco Lopez de Gomera dans le 121ᵐᵉ chapitre de ſon Hiſtoire, que l'on peut dire avoir beaucoup de rapport avec celle de *Pedro de Cieca*, parle en ces termes: *Tout le ſervice de la maiſon de l'Ynca juſques à celuy de ſa table & de ſa cuiſine eſtoit d'or & d'argent, il avoit en ſon anti-chambre des ſtatuës d'or auſſi grandes que des Geans, avec des figures au naturel de tout ce que les Royaumes produiſoient d'animaux, d'oyſeaux, d'herbes, de plantes, & de poiſſons, il avoit encore des cordes, des paniers, & des corbeilles d'or trait: Comme auſſi des greniers remplis d'or & d'argent & de gros lingots d'or rangez les uns ſur les autres, comme ſi c'euſt eſté du bois à brûler. Et tout ce qui eſtoit dans les mai-ſons Royales des Yncas eſtoit contrefait au naturel d'or & d'argent. Pour une plus grande merveille on voyoit en une certaine Iſle proche de Puna où les Yncas avoient accoûtumé de ſe promener la pluſpart des arbres, des fleurs & des plantes*

Comme les Indiens du Perou ont a-biſmé dans la terre la plus grande par-tie de leurs treſors, lors que les Eſ-pagnols les ont conquis.

Du peu de comparaiſon des threſors trouvez par les Eſpagnols lors de leurs côqueſtes au Perou à ceux que les In-diens ont ca-chez dans la terre.

Autres re-marques de Gomera ſur les richeſſes des Yncas.

contrefaits d'or & d'argent d'une invention admirable & qui n'avoit point encore esté veuë. Il y avoit aussi dans Cozco une telle quantité d'or & d'argent, qu'il en fut mis beaucoup au pillage ou enterré en des abîmes par la mort de Guascar ; & dont les Indiens d'aujourd'huy disent n'avoir aucune connoissance, sinon d'avoir oüy dire que leurs ayeuls, pour empescher que ces tresors ne fussent à d'autres qu'à leurs Rois ausquels ils estoient dediés, les avoient exprés faitabimer. Outre ces vergers, ou cette Isle d'aupres de Puna, les Rois Yncas en avoient encore en chacune de leurs maisons Royales où ils amassoient une telle quantité d'or & d'argĕt, qu'en l'année 1565. Il en fut déchargé au havre de San Leucar en trois voyages 36. millions pesant.

La pluſpart de ceux qui ont écrit ſur la poſſeſſion des treſors de ces Rois Yncas remarquent, que tout cét or & cét argent ne leur eſtoit point donné par maniere de tribut, n'eſtimans ces metaux neceſſaires ny pour la guerre, ny pour la paix : Toute l'eſtime qu'ils en faiſoient n'eſtant que pour l'embelliſſement des Temples dediez au Soleil, & pour leurs maiſons Royales : Que ce qu'ils en recevoient de leurs Curaças, Capitaines, ou autres perſonnes relevées, meſme de leurs autres Subjets de la condition la plus baſſe n'eſtoit point d'obligation, mais ſeulement pour entretenir la coûtume eſtablie entr'eux de ne venir jamais voir leurs Princes ſans luy faire quelques preſents, nomément aux feſtes principales appellées entre eux *Ruina* qui eſtoient deſtinées à l'adoration du Soleil ; & auſſi celles où il eſtoit beſoin de donner un nom au Prince heritier de l'Empire, ou bien dans les viſites que faiſoit l'Ynca en ſes Provinces, auquel temps tous les peuples, leurs Seigneurs & autres eſtoient tenus d'apporter tout l'or & l'argent, meſme les pierres precieuſes qu'ils avoient tirées des mines dans leurs heures de loiſir ſeulement ; eſtant à obſerver que comme ils n'eſtimoient pas ces ſortes de treſors bien neceſſaires à la vie humaine, ils ne s'amuſoient pas auſſi à les tirer des mines, ſinon dans le temps quils étoient entierement détachez de toutes ſortes d'affaires
publiques

Perte de pluſieurs ouvrages d'or & d'argent à Cozco.

Garcillaſſo de la Vega, en ſon Livre 6. chap.2.

De l'amour des Indiens envers leurs Rois.

Du temps auquel les Indiens faiſoiĕt leurs preſens.

Mépris des richeſſes par les peuples du Perou.

publiques ou privées , encore ils ajoûtoient que s'ils n'euſſent ſceu qu'on employoit ces choſes à l'embeliſſe-ment des Temples & des maiſons Royales , ils auroient tenu pour perdu le temps qu'ils employoient à les cher-cher , meſme celuy qui leur reſtoit apres leurs travaux ordinaires.

Comme entre toutes les affaires dont les Yncas prenoient ſoin avec le plus d'obligation , les principales eſtoient celles de l'embeliſſement des Temples & des maiſons Royales , juſques aux murailles du haut en bas , tout étoit lambriſſé d'or ; & dit-on que dans le principal lieu où l'Ynca avoit de coûtume de faire ſes adorations , ou, pour mieux dire, ſon idolatrie, il y avoit un Convent appellé la maiſon du Soleil où eſtoient cinq fontaines , dont les tuyaux eſtoient d'or : En chacune de ces fontaines il y avoit des baſſins, les uns d'or & les autres d'argent. On ajoûte qu'il s'y voyoit encore une figure du Soleil qui eſtoit d'une extreme grandeur entourée de rayons & faite d'une ſeule piece d'or, laquelle ainſi qu'il a eſté remarqué, fut donnée à Maneco Serra de Lequicano, Caſtillan, comme à l'un des plus grands Conquerans du Perou , & que l'on tient qu'il la joüa & la perdit en une nuiĉt, d'où le Proverbe depuis eſt demeuré commun parmy ces Indiens, que ce Seigneur Eſpagnol joüoit le Soleil avant qu'il fût jour.

Il s'obſerve qu'aux deux coſtez de cette figure du Soleil eſtoient pluſieurs corps des Rois Yncas aſſis dans leurs trônes & élevez ſur des plaques d'or , meſme que juſques aux portes du Temple eſtoient d'argent, & que toutes ces choſes furent diſtribuées aux chefs de l'armée, ſelon qu'ils avoient acquis plus ou moins de merite.

Blas Valera dit en ſon Hiſtoire, *Qu'il y avoit encore un Temple dedié au Soleil, vers l'Iſle de Titicaca remply des plus precieux treſors des Yncas, où il ſe faiſoit de ſemblables ſacrifices qu'en celuy de Cozco (comme ayant eſté ſelon la fiĉtion de ces Idolatres le veritable lieu où s'areſterent les deux enfans du Soleil) & s'y apportoit une ſi grande quan-*

E

tité d'offrandes, soit par les Curacas ou autres Subjets de l'Ynca, & que le nombre en estoit au dessus de tout ce qu'on en pouvoit penser. Les richesses de ce Temple estoient si grandes qu'elles estoient entassées les vnes sur les autres en telle abondance, que l'or & l'argent restés des offrandes pouvoient estre capables de faire bastir vn second Temple d'or ou d'argent depuis les fondemens jusques en haut, sans qu'il y eust aucun meslange d'autre matiere.

Ce mesme Autheur observe que sur la creance qu'eurent les Espagnols que la pluspart de ces tresors des Temples & de ces maisons Royales, avoient pû estre jettez en un grand lac, assez proche de Cozco ; il se fit une Compagnie de quelques Marchands Espagnols pour épuiser ce lac, & en tirer les tresors, lesquels pour en venir à bout avec plus de facilité, commencerent le travail dans le commencement de l'année 1557. avec autant d'activité qui leur fut possible ; mais que comme ils trouverent un Roc qu'ils ne peurent creuser, & que plus ils s'efforcerent à le rompre, plus ils y trouverent de difficulté, estant une espece de pierre à feu qui jettoit autant d'étincelles qu'on pouvoit casser de cailloux, cela fut cause qu'ayant esté employé des sommes immenses pendant plusieurs années en cette entreprise, cette Compagnie de Marchands fut obligée de faire cesser l'ouvrage, & que depuis ce temps-là on ne s'est plus soucié d'apprendre ou les Indiens avoient caché leurs tresors.

Ie pourrois ajoûter à ce Traitté plusieurs remarques assez curieuses sur le mesme sujet des metaux d'or & d'argent & de leur employ, veu que les mesmes Histoires & Relations dont j'ay tiré une partie de celles que j'ay faites cy-devant, en fournissent abondamment. Ie pourrois mesme encore rapporer en cét endroit les sentiments particuliers des Philosophes sur l'excellence naturelle de l'or & de l'argent, & faire voir que de tout temps ces metaux precieux ont esté employez dans les choses les plus saintes & plus augustes: Comme dans le culte Divin & dans les sacrifices de l'ancienne & de la nouvelle Loy

Mais comme toutes ces recherches feroient un peu éloi-
gnées de ma profeſſion & de mon ſujet, & peut-eſtre
meſme ne ſerviroienr qu'à ennuyer le Lecteur, j'ay trouvé à propos de les ſupprimer, & laiſſer à ceux qui voudront s'en inſtruire plus ouvertement, de ſatisfaire leur
curioſité par la lecture des Autheurs & des Hiſtoriens
qui en ont traitté.

F I N.

PRIVILEGE DV ROY.

LOVIS PAR LA GRACE DE DIEV
Roy de France et de Navarre:
A nos amez & feaux Conſeillers les Gens
tenans nos Cours de Parlement, & tous autres nos Iuſticiers & Officiers qu'il appartiendra: Salvt. Noſtre cher & bien-amé Pierre de
Rosnel, noſtre Orfévre & Ioüailler ordinaire, Nous a
fait dire & remontrer que pour le bien du Public, il a
compoſé un Livre intitulé *Le Mercure Indien*, *ou le
Treſor des Indes*, dans lequel il eſt traitté de l'Or, de
l'Argent, des Pierres precieuſes & des Perles ; lequel
Livre il deſireroit faire imprimer en un ou pluſieurs Volumes, s'il nous plaiſoit luy accorder nos Lettres ſur ce
neceſſaires. A ces cavses, deſirant favorablement
traitter l'Expoſant, Nous luy avons permis & permettons
par ces Preſentes, d'imprimer ou faire imprimer en telle
marge, caractere & maniere que bon luy ſemblera ledit
Livre, durant le temps & eſpace de ſept années, à compter
du jour qu'il ſera imprimé. Deffendons à tous Imprimeurs
de noſtre Royaume autre que celuy qui ſera nommé par
l'Expoſant, & à toute autre perſonne de l'imprimer, ou
faire imprimer durant ledit temps, ſans le conſentement
de l'Expoſant, à peine aux contrevenans de trois mil livres

d'amende applicable un tiers à Nous, un tiers à l'Hostel-
Dieu de nostre ville de Paris, & l'autre tiers audit Expo-
sant, confiscation des Exemplaires contrefaits, & de tous
dépens, dommages & interests , à la charge toutefois
qu'avant exposer ledit Livre en vente en un ou plusieurs
Volumes, il en sera mis deux exemplaires en nostre Bibliotheque publique, un en celle de nostre cabinet de nostre
Chasteau du Louvre, & un autre en celle de nostre tres-
cher & feal le Sr Seguier Chevalier Chancelier de France:
Et à faute de rapporter és mains du Sieur grand Audiencier de France en quartier, les recepissez de nos Bibliothequaires, & au sieur Cramoisy commis par nostredit
Chancelier un acte de la délivrance actuelle desdits Exemplaires, Nous avons dés à present declaré ladite Permission
nulle , & avons enjoint au Syndic des Imprimeurs & Libraires de faire saisir tous les Exemplaires qui auront esté
imprimez, sans avoir satisfait aux clauses portées par ces
Presentes. SI VOVS MANDONS que d'icelles vous
fassiez joüir & user ledit Suppliant pleinement & paisi-
blement, & tous ceux qui auront droit de luy sans souffrir
qu'ils y soient troublez : Voulant aussi qu'en mettant un
Extrait des Presentes au commencement ou à la fin de
chacun Exemplaire foy soit ajoûtée comme à l'Original.
Et au premier nostre Huissier ou Sergent sur ce requis,
faire en execution tous les Exploits necessaires, sans demander autre permission, nonobstant Clameur de Haro,
Chartre Normande, prise à Partie & Lettres à ce contrai-
res. Car tel est nostre plaisir. DONNE' à Paris le 11me
jour de Septembre, l'an de Grace 1667. Et de nôtre Regne
le vingt cinquiéme. Par le Roy en son Conseil. Signé,
LABORYE. Et scellé du grand scel de cire jaune.

Registré sur le Livre de la Communauté des Libraires & Imprimeurs de Paris,
Fait ce 11. jour d'Octobre 1667. Signé, THIERY, Adjoint du Syndic.

Les Exemplaires ont esté fournis.

LE MERCVRE INDIEN,

OV LE TRESOR DES INDES.

SECONDE PARTIE.

Dans laquelle est traitté des Pierres precieuses & des Perles, Ensemble de leur origine, de leur formation, de leur vsage, & de leur valeur.

Auec vn Traitté sommaire des autres Pierres moins precieuses ; sçauoir, de l'Agathe, du Iape, du Lapis, & autres.

Reveu, & corrigé par l'Autheur.

A PARIS,

M. DC. LXXII.

Auec Privilege du Roy.

AVANT-PROPOS.

L EST du tout impossible à
l'homme de rendre raison avec
certitude des choses que la Nature produit, soit dans les entrailles de la terre, soit dans les
abismes de la mer. C'est pour-
quoy plusieurs Autheurs qui ont écrit sur cette
matiere, n'ont pû bien découvrir l'origine des
Pierres precieuses, & s'y sont le plus souvent
trompez. Quelques Philosophes ont voulu avan-
cer que les metaux, & les Pierres precieuses ont
esté creées de Dieu au commencement du monde, ainsi que nous les trouvons à present (Dieu
n'ayant donné, disoient-ils, aucune vertu à la Nature, soit pour les former, soit pour les perpetuer)
mais apparemment cette pensée n'est pas veritable, & ce seroit faire tort à la Nature qui n'est
jamais oysive, qui produit sans cesse, & qui per-
fectionne ensuite ce qu'elle a produit, que de
croire que la formation des Pierres precieuses soit
au dessus de ses forces, & de sa fecondité.

¶ ij

AVANT-PROPOS.

D IEV a eftably à la Nature certain ordre, & certaine Loy limitée, & ayant finy fes Ouvrages, a permis le cours libre à l'activité des caufes naturelles, & en mefme temps (fi on l'ofe dire) a laiffé le Monde au jugement des hommes, lefquels dans la recherche des fecrets de fa Toute-puiffance, ont enfin avoüé leur ignorance & leur foibleffe, & confeffé tous que, comme Autheur de l'Vnivers, il doit feul eftre adoré dans fa conduite, fans que l'homme foit fi temeraire que d'entreprendre d'examiner ce qu'il fait : C'eft pourquoy il eft bien vray de dire que l'homme ne peut parler de ce qui eft le plus caché, & le plus refferré dans la Nature, comme font les Metaux & les Pierres precieufes, qui font des Eftres admirables dans la formation defquels la main du Seigneur fe manifefte le plus hautement. Auffi eft-il vray de dire qu'il n'y a aucune chofe en l'Vnivers, où fa

Toute - puiffance fe rende plus admirable, foit qu'on confidere leur multitude & leur varieté, foit qu'on confidere la diverfité de leurs couleurs, l'excellence de leur matiere, & l'éclat de leur poliment, qui font communément dire de celles qui fe rencontrent exceffives en grandeur & parfaites en beauté, que leur poffeffion vaut celle d'un Royaume entier. Et c'eft auffi ce qui donne fujet a un ancien Philofophe de dire qu'une feule Pierre precieufe, pardeffus tout, eftoit fuffifante pour montrer la perfection & la confommation des Ouvrages de la Nature.

AVANT-PROPOS.

SCAURVS beau-fils de Sylla fut le premier qui fit dresser à Rome un cabinet remply de pierres precieuses, lequel fut nommé du nom de pierrerie. Et à son exemple, Pompée dedia au temple du Capitole le pierrier du Roy Mythridates, & deslors chacun fut curieux d'avoir des pierres precieuses & des perles, au lieu qu'avant ce temps-là on ne faisoit parade que de vases d'or & d'argent: Iules Cesar dedia six pierriers au Temple de Venus, & Marcellus fils d'Octavia en dedia pareil nombre au Temple d'Apollon; d'où vint ensuite cette superbe magnificence qui fut faite lors du triomphe du mesme Pompée, où entre autres choses on remarque qu'entrant dans Rome, il fit porter devant luy un Echiquier qui avoit quatre pieds de long & trois de large, remply de toutes sortes de pierres precieuses, & dont les Dames ou pieces servantes à joüer étoient faites de deux sortes de pierres aussi precieuses, & de differentes couleurs. Outre plusieurs vases de pierrerie enrichis d'or, dont furent garnis plusieurs buffets, outre quantité d'autres Ouvrages de Perles qui servoient à divers ornements pour la magnificence d'une si superbe entrée. De toutes lesquelles choses je pourrois en cet endroit faire un recit plus ample, pour mieux faire connoistre comme de tout temps la pierrerie a esté estimée & choisie pour les plus superbes triomphes, & dire que l'Histoire marque encore que ce grand Nicomachus Musicien, quoy qu'il n'eut aucune connoissance de la Pierrerie, consuma neanmoins tout ce qu'il avoit de bien pour en avoir des plus confiderables , comme les cho-fes les plus dignes d'eftre recherchées. Mais pour n'eftre pas ennuyeux au Lecteur , je me contenteray de luy faire connoiftre la qualité de ces Pierres precieufes , qu'il pourra apprendre par les Chapitres fuivants.

TABLE
DES CHAPITRES.

TABLE DES CHAPITRES.

LE MERCVRE INDIEN,
ou
LE TRESOR DES INDES.

SECONDE PARTIE.

LIVRE PREMIER.

CHAPITRE I.

Remarques curieuses & importantes sur l'Origine des Pierres precieuses.

ARISTOTE établit que la plus prochaine cause de la production des Pierres precieuses est une terre gluante, ou un suc qui se resserre & congele par le froid, ou l'eau, dit-il, a coûtume de prédominer par dessus la terre. Que les Pierres precieuses ne peuvent s'engendrer en l'air, & que la matiere dont elles sont formées par la Toute-puissance, est une

Sentimens d'Aristote sur la produ-ctiõ des pierres precieuses, & des lieux où elles se trouvét

A

terre épurée, laquelle se trouvant temperée en certains degrez par les sucs ou les humeurs qui en naissent, la chaleur cuisant cette matiere forme la pierre : & dans cette formation, l'eau n'a pas moins de part que la terre ; c'est à dire, que toutes pierres sont composées d'une terre mélée d'un suc pur & liquide, recuit & consolidé par un degré certain de chaleur solaire.

Pour expliquer la cause, de ce qu'en certains lieux de la terre il ne se trouve qu'une seule pierre, & quelquefois dans un lieu semblable il s'en trouve plusieurs, (ce qui a donné de l'étonnement aux Anciens.) Il observe que le plus ou le moins de chaleur engendre plus ou moins de pierres precieuses ; & que si la matiere en ces lieux se trouve masse, petite en volume & sans trous ny conduits, alors la chaleur dont l'activité se trouve bornée en un petit espace, y tient toute sa force recüeillie, & produit une seule pierre. Que si au contraire cette matiere n'est point masse, & qu'elle soit pleine de trous & conduits, par lesquels la chaleur puisse estre portée & agir, elle y produit des pierres, ou plus grosses ou en plus grand nombre ; plusieurs pierres estans engendrées dans un lieu, selon la diversité & la temperature de la matiere dans laquelle la chaleur separant une partie d'avec l'autre, fait par ce moyen diverses pierres, à cause de la multiplicité des trous, par lesquels cette matiere est incontinent divisée en plusieurs parties de mesme nature, parce que cette chaleur, qui est la cause efficiente de la pierre precicuse, a mesme force sur l'une que sur l'autre de ces parties uniformes.

Le mesme Aristote a voulu soûtenir qu'il y avoit des pierres dures qui se fondoient au feu, lesquelles provenoient d'une matiere vaporeuse, vuide ou froide : & qu'au contraire il y en avoit d'autres qui ne se fondoient point, & qui s'engendroient d'une matiere seiche & chaude ; laquelle proposition semble estre destituée de toute apparence. Mais sans m'arrester à l'examen de ces recherches curieuses, lesquelles sont sans fondement, &

Que le plus ou le moins de chaleur engédre plus ou moins de pierres precieuses.

bien fouvent mefme fans vray-femblance , je me conten..
teray de dire que les pierres precieufes ne fe fondent
point.

Pour expliquer d'où peut provenir qu'une pierre foit
dure, & une autre tendre, le mefme Philofophe obferve
que la raifon en eft, que lors que l'humeur eft abondante,
qu'elle penetre de tous côtez dans la terre , & fe mêle
bien avec elle, elle rend la matiere gluante & vifqueufe ;
& la chaleur exprimant toute cette humeur par tranf-
piration, donne la dureté à cette pierre avec un poliment
admirable, que l'on apperçoit lors qu'elle eft taillée , &
mefme deflors qu'elle eft découverte; ou tout au contraire
fi cette matiere n'eft point gluante, & n'eft abondamment
humectée en toutes fes parties , la chaleur fe trouvant forte, deffeiche & épuife trop aifément l'humeur la plus fubtile , & ne peut indubitablement produire qu'une pierre
tendre , fans aucun poliment.

Touchant les qualitez des pierres precieufes & la caufe
de leurs perfections & de leurs imperfections , l'on rapporte que cela provient de l'eau ; & de fçavoir, fi lors de
la formation de la pierre precieufe, l'humeur qui eft entrée en fa compofition, eftoit claire, pure, nette, & tranf-
parante, ou fi au contraire elle eftoit impure & trouble,
dautant que fi la matiere terreftre s'eft congelée avec un
fuc broüillé de limon & d'impureté, la pierre fera trouble
& mal nette ; mais fi le fuc fe trouve épuré, la pierre par
ce moyen eftant fans mélange & fans alteration, fe trouvera admirable en fon efpece.

VN Philofophe des plus éclairez qui a apporté tous
les foins poffibles à la recherche de ces merveilles de
la Nature, remarque, que comme la terre au commencement n'étoit point feconde, Dieu luy voulut donner une
faculté formatrice & feminale, fans laquelle de quelque
façon que cette terre eût efté mélangée avec les autres
elements, elle n'eut pû produire aucune chofe: & qu'ainfi
il ne fe trouve plus de terre fterile, telle qu'elle eftoit au

premier jour de la creation du monde ; mais que depuis ce temps-là auquel Dieu luy communiqua les femences de toutes chofes, elle eft reftée feconde, & a confervé & fomenté dans fon fein cette faculté formatrice. Et avant que de parler des pierres precieufes, & de s'expliquer à fond fur ce fujet, il fait connoître ce que c'eft qu'on appelle pierre precieufe, & la difference qui fe trouve en chacune, en établiffant le nom de pierre pour genre, afin que toutes fortes de pierres precieufes foient tenuës pour pierres, mais non pas que toutes fortes de pierres foient tenuës pour precieufes.

Pourquoy on appelle pierres precieufes, & qu'elles font leurs differences.

Ce mefme Autheur rapporte, que comme la pierre doit eftre definië, un corps mixte, inanimé, dur, qui ne fe liquefie point, & que la Nature a formé fans beaucoup d'alteration d'une terre fimple comme de fa matiere principale, il eft neceffaire pour connoître la pierre precieufe entre celles qui ne le font pas, d'examiner les differences & accidents qui fe rencontrent, en établiffant pour definition, que la pierre precieufe eft une pierre petite, qui eft rare, qui eft dure, & qui merite le nom de belle, dautant qu'elle eft pour la plûpart d'une couleur diaphane & tranf-parante. Quoy qu'il n'entende neanmoins dire qu'une pierre pour eftre groffe ne conferve la qualité de precieufe ; c'eft à dire qu'encore qu'il fe rencontrât un diamant ou un rubis auffi gros qu'un œuf, ou qu'il y en eût abondance en quelque endroit de la terre, ce diamant ne fut diamant, ou que ce rubis ne fut rubis : au contraire, il demeure d'accord que ces pierres precieufes, quoy que groffes demeureroient toûjours dans leurs qualitez, & ne perdroient rien de leur effence, finon, dit-il, qu'alors elles ne feroient plus rares, & que leur prix feroit beaucoup diminüé.

Il ajoûte que pour connoître les differences effentielles, par lefquelles la pierre differe de la pierre, & la precieufe de la precieufe ; il eft neceffaire d'obferver qu'elle doit eftre la forme ou la matiere des pierres precieufes ; & mefme l'une & l'autre : comme eftant les pierres precieufes des corps naturels, & compofez de matiere & de forme qui participent de diverfes caufes, lefquelles, felon la diverfité de leur mélange, produifent plufieurs pierres qui different en quelque façon l'une de l'autre, dautant qu'elles naiffent fous toutes fortes de conftitutions du Ciel, ou du moins qu'elles y peuvent naître : ce qui a obligé d'établir le mot de pierre pour genre ; & d'autant plus que les pierres different encore entr'elles par le poids; & qu'encore qu'elles foient en pareille groffeur & quantité, elles fe trouvent neanmoins d'un poids different, ainfi que l'on remarque en celles qui tirent leur origine des metaux, qui font, pour l'ordinaire, plus pefantes que les autres : & pour confirmer fa penfée, il foûtient que tous les Philofophes tombent d'accord que l'eau n'eft pas plûtôt la matiere des pierres precieufes que des communes, puifque les communes ne different en rien des precieufes, finon que la matiere des communes eft plus impure, plus craffe, moins alterée, & moins cuite, & que celle des pierres precieufes eft plus pure, plus déliée, plus cuite, plus alterée & plus condenfée. Qu'ainfi pour la production des pierres precieufes, l'eau & le feu y font requis, & non pas l'air; l'eau pour unir & lier les plus fubtiles parties de la terre, & le feu pour les feicher & condenfer, afin qu'elles s'endurciffent, & qu'elles foient exemptes de corruption, que l'humidité & la moleffe ont coûtume de leur donner : Ajoûtant que la matiere la plus prochaine des pierres, eft une terre déliée & fubtile, laquelle mélangée avec l'eau n'empefche point la tranfparance ; & que fi cette matiere eftoit compofée des elements, comme plufieurs Autheurs ont voulu foûtenir, en vain Dieu eût répandu cette vertu feminale dans le fein de la terre. Et partant lors qu'il fe trouve un lieu remply d'air, & concave, dans la matiere qui a receu une difpofition pour engendrer la pierre, & que ce mefme lieu luy fait fucceder une exhalaifon ou un fuc lapidifique, diaphane, & exprimé de cette matiere, alors la partie terreftre de ce fuc s'endurcit, & fe forme en une pierre precieufe, qui con-

Que les pierres precieufes font compofées de matiere & de forme, lefquelles felon la diverfité de leur mélange produifent plufieurs pierres.

Que les pierres communes ne different en rien des precieufes, finon que leur matiere eft plus impure & plus craffe.

L'eau & le feu neceffaires pour la production des pierres precieufes.

Des chofes neceffaires pour la production de la pierre.

ſerve la figure de ſa concavité , ſi tant eſt que ce ſuc ait coulé & ſubſtitué à cette cavité autant de matiere qu'elle en pouvoit recevoir.

D'où ſe tirent les pierres precieuſes & quel eſt le lieu de leur origine.

Quant à ce qui concerne la contrarieté des opinions, ſçavoir d'où ſe tirent les pierres precieuſes, & le lieu de leur origine, Où elles ſe forment plus facilement, plus commodement, & plus parfaitement : On obſerve qu'en tous les lieux de la terre il y croît des pierres communes & precieuſes ; & que les plus nobles prennent leur naiſſance dans les regions des Indes Orientales, dautant qu'elles ſont ſituées entre les Tropiques, où elles ont toûjours le Soleil voiſin, & auſſi à cauſe qu'elles joüiſſent de ſa chaleur, à la faveur de ſa lumiere feconde, ſans laquelle les exhalaiſons qui s'élevent de terre, & qui ſervent de fondement principal à la formation & à l'origine des pierres les plus precieuſes, ne pourroient pas eſtre formées : & que ſi dans l'Affrique, l'Amerique, & autres regions qui ſont ſous meſme climat ou degré de latitude, il ne s'y rencontre pas des pierres precieuſes, on en peut rapporter la cauſe au Soleil, en ce que ſa vertu agit avec plus de force dans l'Orient que dans l'Occident, ſans me départir du ſentiment de quelques Autheurs, qui ſoûtiennent qu'encore que les Indes Orientales ſoient fertiles pour la production des plus nobles pierres precieuſes, cela ne provient point de ce que cette terre eſt Orientale, & que le Soleil en eſt plus proche, puis qu'il l'eſt autant de celles qui ſont ſous le meſme degré de latitude ; non pas auſſi à cauſe que le Soleil échauffe plûtôt de ſes rayons les parties Orientales que les Occidentales, puis qu'il paroît avec plus de force dans l'Eſpagne que dans la Mexique, & dans la Mexique que dans le Iapon, au Iapon qu'aux Indes, & qu'il ſemble ſe lever plûtôt dans l'Eſpagne que dans aucun lieu du monde. Et pour en rendre une raiſon qui ne puiſſe pas eſtre rejettée, & faire voir veritablement pourquoy il ſe trouve des pierres precieuſes plus exquiſes & plus nobles dans les Indes Orientales que dans tous les autres lieux, il faut dire que cela procede ou de la nature & temperament de la terre, ou de l'action & vertu du Ciel & des Etoilles qui luy répondent : & obſerver pour en parler plus pertinemment qu'il n'y a pas d'apparence que ce ſoit par la vertu du Ciel & des Etoilles, dautant qu'il s'enſuivroit que ces pierres precieuſes ne naiſtreroient pas ſeulement dans les Indes Orientales, mais qu'elles naiſtroient encore en tous les lieux qui ſe rencontreroient ſous le meſme climat, à cauſe du mouvement du Ciel ; & comme cela n'arrive pas de cette façon, il faut tenir pour conſtant que la cauſe en doit eſtre établie dans la diſpoſition & nature de la terre. On peut ajoûter encore que ſi l'Affrique & l'Amerique, qui ſont ſous le meſme climat ne produiſent pas de ſemblables pierres precieuſes que celles qui ſe tirent de l'Orient, on en doit rapporter la cauſe, à ce que ces peuples de l'Affrique & de l'Amerique n'ont jamais eu de commerce avec leurs voiſins, à cauſe de leur humeur barbare. Et ce qui s'eſt rencontré, & qui pourroit avoir encore de preſent de pierres precieuſes chez eux leur a toûjours eſté inconnu, du moins ils n'en ont ſceu faire le diſcernemenr ; Ou tout au contraire les Indiens ont tellement foüillé les coins les plus cachez, & les lieux les plus retirez de leur Royaume, qu'il n'y a point eu de pierres precieuſes dans les Indes Orientales qui ſe ſoient dérobez à leurs recherches, & dont ils n'ayent eu une parfaite connoiſſance. Et enfin on peut conclure ſur ce poinct que l'Amerique & l'Afrique peuvent engendrer d'auſſi nobles pierres precieuſes que l'Inde Orientale, d'autant, qu'il n'y a point de raiſon aſſez forte pour ſoûtenir qu'une terre qui répond à un meſme climat que les Orientales, ne puiſſe eſtre également diſpoſée pour produire d'auſſi belles pierres precieuſes que l'Inde meſme.

Pour parler de la matiere de laquelle les pierres mêmes les precieuſes ſont formées, on remarque que c'eſt par le moyen des quatre elements, l'Air, l'Eau, la Terre & le Feu. Que dans chacun de ces quatre elements, non ſeulement les pierres precieuſes y peuvent eſtre formées & engendrées, mais encore les plus communes. Que dans l'air, les pierres se forment, lors qu'une exhalaison trop grande, composée de beaucoup de parties terrestres, est endurcie & resserrée en petit volume par le froid des nuées qui l'enveloppe. Dans l'eau, lors qu'une exhalaison terrestre ou le suc lapidifique les endurcit & les rend claires & diaphanes. Dans le feu, dautant que par iceluy la terre s'endurcit en pierre. Et dans la terre, parce qu'elle leur substituë la principale matiere, & qu'elle est tres-fertile pour porter les pierres precieuses. Et pour traitter des accidens & des formes exterieures des pierres precieuses, de l'état auquel elles se doivent rencontrer pour estre parfaites, il faut remarquer que la disposition de la matiere est entierement necessaire pour les produire, mesme qu'elle y est de tres-grande consequence ; comme aussi le mélange & temperamment des qualitez, afin de donner lieu à une influence suffisante de la faculté formatrice, ensemble la situation ou aptitude du lieu ; toutes lesquelles dispositions se rencontrant selon la nature de chaque pierre precieuse ou commune, alors elle s'engendre dans vne perfection entiere. Que si la forme de la pierre se trouve alliée à une matiere sabieuse, boüeuse, argileuse, pierreuse, humide, seiche, trop chaude, ou trop froide pour la generation de la pierre precieuse, ou que cette pierre se rencontre en un lieu mal convenant & non propre, aussi-tost elle contracte plusieurs imperfections ; & c'est d'où vient qu'il s'en voit de nuageuses, pleines de fistules ou plumes, & d'autres entr'ouvertes ou remplies de differentes couleurs étrangeres, qui leur font autant de difformitez.

(note marginale : Que pour la perfection d'une pierre, il est necessaire que les dispositions en la matiere se rencontrent selon la nature de chaque pierre.)

(note marginale : Ce qui cause les imperfections aux pierres precieuses.)

Ayant expliqué qu'elles sont les defectuositez des pierres precieuses, les causes d'où elles procedent, reste de connoistre d'où provient la diversité de leurs couleurs ; pourquoy l'une est rouge, l'autre verte, ou l'autre jaune, & ainsi des autres. On remarque que cela provient du mélange de la matiere & de la difference du temps, dans lequel les exhalaisons peignent cette matiere lors qu'elle

(note marginale : D'où provient la diversité des couleurs qui se rencontrent aux pierres precieuses.)

est

est cuite par la chaleur, & qu'elle est arrosée par l'eau.
Pour un plus grand éclaircissement, il est à remarquer
que la couleur des pierres precieuses s'engendre d'elle-
mesme, & de leur matiere par le principe interne de
couleur qui y reside, ou qu'elle leur est donnée d'ailleurs,
lors que leur matiere est disposée pour la recevoir ; outre qu'il y a des pierres precieuses à qui l'eau apporte &
anime la couleur, quand elle a receu la matiere teinte par
l'esprit mineral , ou que les couleurs se trouvent de diverses sortes confonduës ensemble, il faut encore observer
que si dans une pierre diaphane il s'y voit une petite
portion de couleur qui semble rendre la pierre precieuse,
plus colorée , cela provient de ce que la lumiere porte
cette couleur par tout le corps de la pierre precieuse, la
refléchit & la peind dans toutes ses parties ; & pour expliquer la difference d'une pierre dure d'avec une tendre,
on rapporte que la dureté ou la molesse des pierres provient en partie aussi des premieres qualitez qui agissent
sur la matiere ; Que si la matiere est bien unie , & qu'elle
admette beaucoup de terre & peu d'eau, alors les parties
aqueuses & aëriennes estans bien exprimées par la chaleur & par le froid, donnent la dureté à la pierre ; & tout
ainsi que les elements concourent à la constitution de la
matiere des pierres, à raison de leurs divers mélanges : il
y a aussi de differens degrez de dureté dans les pierres
precieuses, la cause efficiente de la dureté estant quelquefois la chaleur, & quelquefois le froid. La chaleur
lors qu'elle seche en exprimant l'humide , le froid, lors
que resserrant il l'exprime ; mais ces qualitez sans la sup-
position d'une matiere propre & disposée ne peuvent
pas agir , dautant que si la matiere terrestre est mélée
avec beaucoup d'eau, nonobstant que la chaleur exprime , ou que le froid resserre, les pierres ne se rencontre-
ront point dures, Et ceux-là s'abusent beaucoup , qui
croyent que l'eau cause la dureté de la pierre precieuse,
dautant que si elle cooperoit à la dureté, il s'ensuivroit
que la glace seroit tres dure , quoy qu'il n'y ait rien de

B

Marginal notes:

D'où proce-
de qu'en une
pierre qui n'a
de　couleur
qu'en un de
ses coins, la
couleur se ré-
pand en tou-
tes ses par-
ties.

Autres cau-
ses pourquoy
une pierre est
dure, & une
autre tendre.

Que l'eau ne
cause　point
la dureté de
la pierre &
que plus elle
est precieuse,
plus elle est
pesante.

plus tendre, & on peut conclure enfin, que plus une pierre est dure, plus elle a de poids, & que lors qu'elles different les unes des autres, il faut que cela arrive à cause de la composition, ou à cause de la substance & de la matiere terrestre; Que si la matiere est bien unie & resserrée, il est hors de tout doute, que la pierre sera plus pesante que si cette matiere étoit poreuse, ou qu'elle fut remplie de beaucoup d'air & d'eau ; c'est pourquoy les diaphanes sont beaucoup plus pesantes que les opaques, si ce n'est qu'elles ayent receu dans leur composition beaucoup de feu, d'eau & d'air, auquel cas, quoy que diaphanes, elles seront beaucoup moins pesantes que celles composées d'une grande portion de terre, quoy qu'elles soient opaques.

Ie pourrois ajoûter encore quantité d'autres raisons, tant au sujet de cette dureté que des autres qualitez qui rendent les pierres precieuses si estimables; mais, pour ne pas vouloir sortir des termes que je me suis proposés, & pour traitter cette seconde Partie, ainsi que j'ay fait la premiere, c'est à dire le plus sommairement qu'il me sera possible, (encore que le sujet en soy pût meriter d'en faire un traitté fort ample) je me suis contenté de rapporter succintement qu'elles sont les differences des pierres precieuses, ainsi que leur merite & valeur, & renvoyeray à l'histoire naturelle ceux qui en voudront connoître davantage.

Pour proceder avec plus d'ordre & de methode en ce traitté que je me suis proposé de donner, j'ay crû qu'il estoit à propos de faire un Chapitre particulier de chaque espece de pierre precieuse, m'asseurant que cela servira à connoistre plus distinctement ce que chacune a de recommandable & de singulier en elle, & aussi pour faire le discernement d'une pierre de prix d'avec une autre, afin de desabuser plusieurs personnes, qui ayant voulu entreprendre de traitter cette matiere, ont fort souvent confondu les noms des pierres precieuses, & fait passer une pierre commune pour une pierre de merite.

CHAPITRE II.

DV DIAMANT.

TOvs ceux qui ont écrit ou parlé du diamant, font demeurez d'accord que c'eſt la plus noble & plus conſiderable de toutes les pierres precieuſes ; auſſi durant un tres-long-temps, peu de perſonnes en ont eu la connoiſſance, horſmis quelques Rois & Princes, qui eſtoient lors en fort petit nombre.

Cette pierre eſt diaphane, & eſt la plus dure de toutes les pierres, elle a eſté nommée des Grecs *Adamas*, des Allemans *Demant*, des Arabes *Almas*, & des Indiens *Iraa*. Ceux qui ont recherché ſon origine en ont parlé diverſement : je n'entreprends pas d'examiner la contrarieté de leurs relations, & je me contenteray de dire qu'aux environs de la ville de Biſnager, aſſez proche de la ville de Decan, il y a une montagne fermée de murailles, où dit-on il ſe trouve des diamants qui ont quelquefois le poids de 35. à 40. carats, mais qui ne ſe tranſportent que tres-rarement, & que c'eſt pour ce ſujet qu'on a coûtume d'établir une Garniſon dans la place où eſt cette montagne, afin de les conſerver au Roy de Decan.

Il y a quelques Autheurs qui diſent avoir veu d'autres roches où ſe trouvent encore des diamants qui ſe vendent en la ville de Liſpor, & leſquels ſont bien moins grands que ceux de Biſnager, mais beaucoup plus blancs; & meſme qu'il y en a encore proche la mer de Tanjan en la ville de Malacca, apelez de la roche ancienne, pour eſtre d'une roche encore plus dure que ces premiers.

Pline obſerve qu'il ſe trouve des diamants en quatre endroits differents, ſçavoir aux Indes Orientales, en l'Arabie, en la Macedoine, & en Chypre; il dit auſſi qu'ils s'en rencontre de ſix ſortes, dont chacune a ſa

mine à part ; & il ajoûte qu’entre le Temple de Mercure
& celuy de Meroë, il y avoit certaines mines qui en estoient
remplies ; Que dans l’Arabie ils se trouvoient en grande
abondance, mais fort jaunes : Et rapporte encore quantité d’autres choses, qui sont plûtost des fictions, que des
apparences de verité ; Vne partie de ses remarques, estant
tout à fait contraire à la connoissance que nous en pouvons avoir. C’est pourquoy l’on peut s’arrester à l’opinion la plus commune, que tous les diamants se tirent des
Indes Orientales, & dire que deux choses principales
rendent cette pierre estimable sur toutes les autres ; Premierement sa dureté qui luy donne un poliment, une vivacité & un éclat extraordinaire. Et en second lieu sa blancheur, c’est à dire lors qu’il est d’une eau vive, nette, sans
mélange, & exempte de toutes sortes d’imperfections.

Des qualitez
que doivent
avoir les dia-
mants pour
estre dans
leur perfe-
ction.

Il est necessaire d’observer que tous les diamants, aussi
bien ceux qui sont parfaits, que les autres se trouvent d’ordinaire en morceaux, de grandeur & formes differentes ;
& que pour les conserver dans toute leur étenduë, l’on les
taille ainsi que la forme se rencontre, si ce n’est quand ils
ont trop d’époisseur, lors de quoy on les fend estans au dessous de cinq à six carats, & au dessus desdits cinq à six
carats, on les scie pour ne pas hazarder d’en faire plusieurs
morceaux, apres quoy on les taille en la maniere la plus
approchante de leur forme, & la taille que l’on en fait
est ordinairement en trois façons, sçavoir en pierre é-
poisse, en rose, & en pierre foible, dont celle taillée en
rose est la plus recherchée en France, & particulierement
à Paris.

Que les plus
grands dia-
mants se trou-
vent en Bis-
nager.

Monardes en son Livre, rapporte avoir veu en la ville
de Bisnager des diamants bruts, de telle grandeur, que
leur poids alloit jusqu’à 130. & 150. carats, & un entre
autre du poids de 250. lesquels, dit-il, furent taillez en
pierres époisses, & en pierres foibles, ayant perdu fort
peu de leur poids : ce qui fait connoistre que ce n’est pas
sans raison que l’on apporte tant de precautions pour
en conserver l’estime ; & il remarque que les grands dia-

mants prennent d'ordinaire leur naissance de la partie
inferieure de la mine, & que les petits prennent la leur
de la partie superieure.

CHAPITRE III.

DV RVBIS ORIENTAL, DV RVBIS Balais, du Rubis Spinelle.

ILy a trois sortes de Rubis, le premier appellé oriental, le second Rubis balais, & le troisiéme Rubis spinelle, qui sont tous diaphanes, doüez d'une qualité si parfaite, & tellement agreable à la veuë, qu'apres le diamant on peut dire de ces pierres qu'elles sont les plus nobles, comme les plus precieuses. Aussi les Grecs qui avoient toute la connoissance de leur valeur à cause de leur couleur brillante, les appelloient *Apyroti*, c'est à dire Charbons ardens.

Combien de sortes de Rubis.

Le Rubis oriental porte la qualité de vray Rubis, pour estre le plus dur, & avoir le poliment le plus sec, aussi a-il toûjours esté estimé pour le masle, & le Spinelle pour la femelle, & mesme pour la premiere pierre d'apres le diamant, non pas tant pour estre le plus dur des autres pierres precieuses, que pour estre la plus rare, & de laquelle on a tousjours fait le plus d'estime : sa couleur est d'un feu vif & violent, appellé des Indiens *Tokes* ou *Manca*, des Perses & des Arabes *Iacut*. Il croist pour l'ordinaire en l'Isle de Zeilan & dans le fleuve Pegu ; Et pour les plus petits dans Coria, Calecut, & Bisnager.

Pourquoy le rubis oriëtal est le plus recherché.

On remarque que le Rubis oriental se nourrit, & qu'il prend sa naissance peu à peu dans la miniere ; que premierement il blanchit, & se meurissant qu'il contracte de temps en temps sa rougeur, d'où vient qu'il s'en trouve d'aucuns tout à fait blancs, d'autres moitié blancs & moi-

Que comme l'enfant se nourit de sãg dans le ventre de sa mere, ainsi le rubis se forme & se

tié rouges, comme qui diroit moitié saphir, moitié rubis,
& que ceux de cette qualité sont fort recherchez des Indiens, qui les appellent du nom de *Nilacandi*, qui vaut
autant que de dire Saphir-rubis. Aussi observe-t'on que
tout rubis dans sa mine, & particulierement l'oriental,
est blanchâtre, & que si on le tiroit trop jeune de son
berceau avant que d'estre confit & assaisonné par le Soleil, il demeureroit tousjours pâle & ne meuriroit jamais ; ce qui fait qu'il y a telle difficulté de les rencontrer
dans leur perfection, que lors qu'il s'en trouve ils sont
dans une telle estime, que leur prix excede celuy du diamant, je dis quand mesme le diamant seroit égal en grandeur au rubis.

Quant au Rubis balais, on tient que cette pierre naist
d'ordinaire d'une certaine matiere pierreuse de couleur
de rose, appellée du nom de mere ou matrice du rubis,
laquelle est ordinairement fort transparante. Le rubis
balais se rencontre dans les mesmes regions du rubis oriental, encor bien qu'il soit beaucoup plus tendre : sa couleur
est d'un rouge de rose vermeille, mais encor plus agreable à la veuë : & il est d'ordinaire incomparablement plus
grand que le rubis oriental ; c'est pourquoy il s'employe
en la plus grande partie des grands & considerables ouvrages.

Pour le Rubis spinelle il est toûjours beaucoup plus rouge que le rubis balais, & n'a pas l'éclat du vray rubis,
c'est à dire du rubis oriental, aussi est il appellé la femelle
du rubis : on tient qu'il se trouve dans les mesmes lieux
des Indes, mais en des costes où le Soleil a bien moins de
force, aussi son brillant est-il plus foible, c'est à dire
qu'il a moins de reverberation. Il s'en rencontre toutefois d'une certaine qualité, qu'on nomme Roche vieille,
qui sont tellement parfaits & ont une vivacité telle qu'ils
pourroient estre comparez aux rubis d'Orient, si ce n'é-
stoit qu'ils sont beaucoup plus tendres, & que leur poliment au lieu d'estre sec, se rencontre d'ordinaire fort gras.
Quelques-uns tirent sur la couleur du grenat, d'autres sur

celle de la hyacinthe ; enfin on peut dire que de ces especes de pierres les couleurs se rencontrent fort differentes.

CHAPITRE IV.

DE L'ALMANDINE OV ALABANDINE.

L'ALMANDINE pourroit prendre son rang avec les rubis balais ou rubis spinelles ; mais comme sa couleur est differente, je me suis trouvé obligé d'en faire un Chapitre particulier, & rapporter que suivant le sentiment de plusieurs Autheurs, cette pierre estoit autrefois appellée Alabandine, c'est à dire espece de rubis tiré d'Orient, neanmoins beaucoup plus tendre & plus leger que le rubis oriental, & qui tire plus sur la couleur de grenat que sur celle de rubis, ce qui fait que cette pierre est moins agreable à la veuë & moins estimée, je veux dire en comparaison du rubis oriental, mesme du rubis balais, ou rubis spinelle, quoy qu'elle passe au nombre des pierres les plus precieuses.

De la pierre appellée Almandine.

CHAPITRE V.

DV SAPHIR ORIENTAL, DV SAPHIR appellé œil de chat : du Saphir du Puis, & du Saphir d'eau.

IL y a trois sortes principales de Saphirs, sçavoir, le Saphir d'Orient, le Saphir d'eau, & le Saphir du Puis. L'oriental porte son nom presque par toutes les Nations étrangeres, sinon que parmy les Indiens il est appellé *Nilaa*, & du lieu d'où il naist *Podia*. Il est bien vray qu'il cede en beauté au rubis, & en quelque façon à la Topase

Combien il y a de sortes de Saphirs, & d'où ils se tirent.

orientale, mais il ne leur cede en rien quant à la dureté, au poids, ny au poliment. La plus commune opinion est que le Saphir oriental se trouve dans Calecut, Cananor, dans Bisnager & dans Zeilan, que les plus parfaits se tirent du Royaume de Pegu : & pour le Saphir d'eau & le Saphir du Puis des confins de la Boheme & de la Silesie.

Qu'il y a deux couleurs differentes au Saphir.

Le Saphir appellé oriental se rencontre de deux couleurs differentes, l'un violet (qui est sa couleur naturelle) & l'autre blanc. Le Saphir violet a cela de different d'avec le blanc, que lors que sa couleur bleuë ne se rencontre pas avantageuse, il se peut blanchir par le moyen du feu

Que le Saphir violet peut devenir blanc par le feu.

qui par la force de sa chaleur luy fait perdre sa couleur premiere, & quoy que cette blancheur soit artificielle, neanmoins elle ne se perd jamais encore bien qu'on taille le Saphir en une autre sorte qu'il n'étoit auparavant qu'il eût esté blanchi.

De l'estime des Anciens touchant la qualité du Saphir oriental.

L'antiquité rend témoignage que le Saphir a esté beaucoup estimé, & d'ailleurs la recommandation en laquelle il estoit parmy les Roys, les Pontifes & les Princes des premiers temps, mesme parmy les Prestres de l'ancienne Loy le font assez connoître : & suivant le rapport d'un fameux Historien on peut encore observer, qu'alors qu'on sacrifioit à Phœbus, ou qu'on consultoit quelque autre divinité pour en tirer quelque réponse, on estimoit ne la pouvoir obtenir que premierement on n'eût offert au Temple vn Saphir en signe de concorde : ajoûtant encore que lors que Dieu donna sa Loy à Moïse, elle estoit écrite sur des Tables de Saphir.

De l'estime que font les Indiens du Saphir appellé œil de chat

LE Saphir appellé œil de chat, est une pierre appellée des Anciens *oculus felis*, pour avoir en soy des diversitez de couleurs admirables, avec une dureté & un poliment égal au Saphir : il sembleroit en quelque façon que l'Opale estant dans sa perfection auroit plus d'avantage, à cause que la diversité de ses couleurs paroist encore plus surprenante; mais comme l'Opale est fort tendre, & que l'œil de

chat

chat appellé Oriental, eſt de la dureté du Saphir d'Orient,
on ne doit point faire de comparaiſon de l'un à l'autre.

Quelques-uns tiennent que cette eſpece de Saphir ſe
trouve dans Zeilan , d'autres à Pegu. Quoy qu'il en ſoit,
je puis dire que cette pierre eſt en une tres-particuliere
eſtime, & plus encore parmy les Indiens que parmy nous,
dautant que la pluſpart de ces peuples ſe perſuadent que
celuy qui la porte doit eſtre toûjours heureux, & qu'elle
fait leur bonne ou mauvaiſe fortune, ſelon qu'elle a plus
ou moins de brillant dans ſes couleurs changeantes.

Pour les SAPHIRS d'eau & les Saphirs du Puis, ils ne ſe
rencontrent que d'une ſeule couleur, qui n'eſt pas tout
à fait violette, mais qui tire ſur le calcedoine ; ils ſont
blanchâtres & mélez de bleu, ce qui a donné lieu aux
Anciens de les appeller *Luco Saphirs*, qui vaut autant que
dire Saphirs imparfaits. On peut encore dire qu'ils ſont
tout à fait tendres & fort legers , ce qui fait que la pe-
ſanteur de l'Oriental & la legereté de ceux-cy font facilement diſtinguer les bons d'avec ceux qui ne ſont pas de
meſme eſpece, & leur prix en eſt auſſi ſi different, qu'on
donneroit une douzaine de Saphirs d'eau pour un
Oriental.

<hr>

CHAPITRE VI.

DE LA TOPASE ORIENTALE,
De la Topaſe d'Inde & de celle d'Allemagne.

LA Topaſe Orientale, autrement dite le Saphir Topaſe, ſe tire dans l'Ethiopie & vers les confins de
l'Arabie : elle eſt diaphane, & tenuë pour une pierre des
plus precieuſes : elle a en ſoy un poliment admirable, &
du temps des Anciens, elle eſtoit en telle eſtime, qu'encore que les Chryſolites fuſſent beaucoup conſiderées
parmy eux , ſi n'en faiſoient ils point d'eſtat en compa-

raifon de la Topafe Orientale : auffi peut-on dire que lors qu'elle eft en fa perfection, c'eft à dire, lors qu'elle eft d'une vraye couleur d'or, elle eft la troifiéme pierre d'apres le dia mant fur toutes les autres pierres precieu-fes ; ce qui a fait croire à quelques Anciens qu'elle eftoit de la nature du Soleil : Auffi avoient-ils coûtume de la brûler, ainfi que le Saphir, & eftant brûlée, ils s'en fer-voient en façon de diamant.

Quelle eft la qualité de la Topafe d'In-de.

La TOPAZE d'Inde fe trouve vers les Indes Occiden-tales & dans la Boheme. Lors qu'elle eft dans fa perfection, elle eft d'une couleur d'or, & fi admirable, qu'à peine on la peut difcerner d'avec la Topafe Orientale, fi ce n'eft par la dureté, au lieu que celles de Boheme font d'or-dinaire chargées d'une couleur jaune, tirante fur la noirâ-tre, avec un poliment fort gras.

De la Topa-fe d'Allema-gne,

Quant à celle apellée TOPAZE d'Allemagne, elle eft fi peu chargée de couleur jaune, que fi elle n'eftoit diftin-guée des cryftaux par une certaine couleur noirâtre, il feroit impoffible de mettre aucune difference entr'elle & le criftal. On tient qu'elle fe trouve d'ordinaire fort gran-de ; & dit-on, pour marque de ce, qu'il s'en eft veu une au cabinet de l'Empereur Rodolphe II. qui eftoit de huit pieds de long, fur quatre pieds de large, ce qui fe trouve fort difficile à croire.

CHAPITRE VII.

DE L'ESMERAVDE.

Quelles font les qualitez des Efmerau-des.

IL y a des Efmeraudes de deux fortes, Orientales & Occidentales, les Orientales font appellées de vieille roche, & font beaucoup plus dures que les autres. L'on tient qu'entre toutes les pierres il n'y en a point de plus parfaites, plus belles & plus agreables à la veuë, auffi des Indes, particulierement dans la Mexique où elles se trouvent, selon que le climat où elles ont esté formées se rencontre; & que s'il s'y trouve quelques saletez ou ordures, cela n'est point causé pour les avoir laissées plus ou moins meurir dans la miniere, dautant que ce temps qu'on leur donne davantage pour meurir, n'est que pour les perfectionner dans leur couleur. De la qualité des Esmeraudes de la Mexique.

L'on rapporte qu'il s'est trouvé des Esmeraudes d'une excessive grandeur; Que Lelia Dame Romaine employa quatre cents mil Ducats pour l'ornement d'une coiffure remplie d'Esmeraudes; Theophraste voulant ajoûter quelque chose aux sentiments de ces Autheurs, asseure que le Roy de Babilone en presenta une au Roy d'Egypte qui avoit quatre coudées de long & trois de large; & qu'en ce mesme temps il y avoit une éguille ou pyramide en Egypte faite de quatre morceaux d'Esmeraude. Et dit enfin qu'en la ville de Thyr au Temple d'Hercule, il se trouva une Esmeraude taillée & enchassée en toute perfection, du poids de quatre onces. A toutes lesquelles remarques, & particulierement à celles rapportées par Theophraste : l'on peut répondre que tous ces Autheurs ont esté fort peu éclairez sur la qualité des pierres precieuses, & qu'ils n'avoient jamais eu connoissance des Esmeraudes : car, pour peu sensé que soit un homme, il faut qu'il avoüe qu'un tel recit doit plûtost passer pour une fable, que pour une verité, ou que ces gens ont pris un verre composé pour une Esmeraude veritable. Du peu d'apparence de croire ce qui est rapporté des Anciens touchant les Esmeraudes.

CHAPITRE VIII.

DE L'AMETHISTE ORIENTALE,
de l'Amethiste de Carthagene, & des communes.

L'AMETHISTE Orientale est appellée des Hebreux Achlamach, & des Indiens Sacos; elle se trouve Des noms de l'Amethiste

n'auroient pas ce defaut, si elles avoient eu un temps suffisant pour prendre leur maturité.

D'une grande Esmeraude de deux couleurs.

Vn certain Indien, natif du Perou, pour témoignage
de cette relation, écrit avoir veu estant en la ville de
Cozco, une Esmeraude ayant deux de ses coins admira-
blement verts, & les deux autres blancs, tellement, dit
cét Indien, qu'il sembloit que ce fussent deux pierres attachées ensemble. Que celuy à qui elle appartenoit
l'ayant fait couper, & fait taillerce qui estoit de plus
beau, en receut beaucoup de déplaisir, en ce que Philippes II. Roy d'Espagne, qui avoit appris la qualité
de cette pierre, & comme elle estoit singuliere en grandeur, la vouloit conserver comme un miracle de nature,
pour faire connoistre de quelle façon l'Esmeraude se
meurissoit dans sa miniere.

De la quantité d'Esmeraudes apportées du Peron, & de l'estimation qui en fut faite.

Ce mesme Indien, pour donner à entendre quelle est la
quantité des Esmeraudes qui se sont tirées du Perou, rapporte qu'un certain Espagnol qui avoit demeuré quelque
temps à Cozco, estant en Italie, tira une Esmeraude d'un
plus grand nombre qu'il avoit apportée du Perou pour la
montrer à un Lapidaire & la luy faire estimer ; lequel
Lapidaire la luy estima cent Ducats : & que l'Espagnol
luy en presentant aussi tost une autre plus grande, il l'estima trois cens. Dequoy fort estonné & surpris de la difference de cette estimation, & dans l'esperance de vendre
tout ce qu'il en avoit apporté au mesme prix, il mena
(dit cét Autheur) le Lapidaire en son logis, & luy en
fit voir un casson remply, lesquelles l'une portant l'autre, eussent bien vallu 40. à 50. Ducats la piece : mais
ce Lapidaire ayant veu cette quantité, & sçachant qu'il
n'y avoit que la rareté des choses qui leur pouvoit donner un prix plus ou moins grand, fit cette réponse à
l'Espagnol. *Ie juge, Monsieur, que toutes ces Esmeraudes*
valent bien un écu la piece ; réponse qui rendit l'Espagnol
assez confus.

Il est à remarquer, qu'outre les Esmeraudes qui se
trouvent au Perou, il y en a encore en plusieurs parties

CHAPITRE IX.

DE L'AYGVE MARINE.

CE n'eſt pas ſans raiſon que cette pierre eſt appellée Aygue Marine, & en Latin *Aqua Marina*, puiſqu'elle eſt de la veritable couleur d'eau de mer, les Hebreux l'apellent *Iaſchpech*, d'où aucuns ont crû que le Iaſpe a eu ſon origine. L'on luy donne le nom d'Orientale, neanmoins elle n'a pas la dureté ny le poliment égale au Saphir. Le lieu d'où elle ſe tire eſt fort incertain, & l'opinion la plus commune, eſt qu'elle croiſt le long des coſtes de la mer, & que le flux & reflux luy donnent ſa couleur : car de dire qu'elle ſe forme au fond de la mer, ou qu'elle ſe tire de la terre en l'Orient il n'y a pas d'apparence ; en l'une elle ſe rencontreroit plus tendre, & en l'autre elle auroit beaucoup plus de dureté & de poliment. L'on tient qu'il s'eſt encore trouvé des Aygues Marines en certaines Province ; de l'Europe, qui ont la meſme couleur ; mais comme elles ſe ſont trouvées fort tendres, on en a fait fort peu d'état, ſi ce n'eſt qu'elles ſe ſoient trouvées exceſſives en grandeur.

CHAPITRE X.

DE L'OPALE ORIENTALE, de l'Opale de Boheme, de la Giraſole, & de la pierre appellée Iris.

IL y a des Opales Orientales, d'autres de Boheme, d'autres appellées Gyraſoles. L'on tient que les Orientales ſe tirent de Chypre, d'Egypte, d'Arabie & de la Barbarie. Anciennement celles des Indes, en ce qu'elles

Orientale, &
fa qualité.

d'ordinaire de deux couleurs, l'une de couleur de pourpre, qui porte un éclat de rofe, & l'autre blanche, ayant
toutes deux la dureté du Rubis : & comme elles font diaphanes, & qu'elles ont un poliment admirable, il n'y a
prefque point de difference d'entr'elles & le Rubis, la
couleur en eftant tres belle, & d'une telle vivacité, qu'elles
font recherchées par deffus toutes les pierres precieufes.

Des Amethi-
ftes Orienta-
les blanches,
& pourquoy
elles fõt pre-
ferées aux
Saphirs.

Quant aux blanches, elles font tellement femblables
au diamant, que les Indiens dans leurs plus grands ouvrages ne font point difficulté de les mefler enfemble, &
les preferent au Saphir blanc, dautant que comme leur
couleur blanche eft toûjours meflée de quelque petite
couleur violette qui leur refte, cela leur donne un certain éclat qui leur fait d'autant mieux imiter le diamant :
auffi tient-on qu'entre toutes les pierres precieufes, c'eft
celle qui fe tranfporte le moins du païs des Indes; ce qui
n'eft pas difficile à croire, veu le peu qu'il s'en trouve dans
toute l'Europe.

Pline en fon Livre 37. dit, qu'outre l'Amethifte Orien-
tale, il s'en rencontre encore vers les Ifles de Taffo, en
Chypre, dans-les contrées voifines de Lintrophe, en
Allemagne, & en Auvergne. Mais fans contredire le

De l'Amethi-
fte de Car-
thagene &
des commu-
nes.

fentiment de cét Autheur, on peut ajoûter & dire qu'il y
a encore une autre qualité d'Amethifte appellée de Carthagene, à la verité beaucoup plus tendre, & qui a moins
de poliment que celle des Indes Orientales, mais qui furpaffe auffi en beauté toutes celles dont il a parlé. Sa couleur eft d'une fleur de penfée ou de gris de lin, qui luy donne une vivacité qui la rend tout à fait agreable à la veuë.

Quant à celles d'Auvergne, Chypre & Allemagne,
elles ont prefque toutes une couleur tirante fur le noirâtre, & ont beaucoup moins de poliment que celles de
Carthagene, en forte qu'en ce genre de pierre il y a grande difference : Auffi faut-il obferver qu'apres l'Amethifte
Orientale, (& peut-on dire en quelque façon) apres celle
de Carthagene, toutes les autres font fi communes qu'elles
ne font d'aucune confideration.

fauſſe lueur, qui luy oſte tout ce qu'elle peut avoir d'a-
grément. Quelques-uns ont appellé cette pierre l'Oeil
du Soleil, à cauſe d'une certaine couleur jaunâtre meſlée
de bleu qui s'y trouve. Mais comme cette ſorte d'Opale
ne ſe porte que rarement non plus que l'Opale de Boheme, elles ſont l'une & l'autre fort peu eſtimées de preſent, encore que depuis long-temps la pluſpart des mines
où elles ſe trouvoient, & peut-on ajoûter meſme les
mines de l'Opale Orientale ne ſe foüillent preſque plus,
ayans eſté comblées de leurs ruines.

La Pierre appellée Iris a ſa couleur d'un gris de lin, De la pierre
appellée Iris.
tirant ſur le rougeâtre, qui tient en quelque façon du cri-
ſtal, & qui a en quelques-unes de ces parties la meſme
reverberation que l'Oeil de chat, duquel j'ay traitté.
Pline obſerve qu'elle ſe tire de la mer rouge, & que le
nom d'Iris luy a eſté donné, dautant que lors qu'elle eſt
expoſée aux rayons du Soleil, elle paroiſt de pluſieurs
couleurs, dont la diverſité imite l'Arc-en-Ciel : & il
ajoûte que cette reverberation provient de ce que cette
pierre ſe trouve ordinairement à ſix angles qui ſe diſ-
perſent, & jettent leurs reflexions çà & là ſur toutes les
choſes qui leur ſont voiſines. Mais comme cette pierre
eſt d'ordinaire fort laicteuſe, & qu'elle n'a rien de la vivacité de l'Opale, elle eſt auſſi fort peu eſtimée parmy
les pierres precieuſes.

CHAPITRE XI.

DE LA TVRQVOISE PERSIENNE
& de la Turquine.

ENTRE toutes les pierres Opaques l'on peut aſſeurer Du nom qui
a eſté donné
à la Turquoi-
ſe, & du lieu
où elle ſe ti-
re.
que la Turquoiſe eſt la plus precieuſe. Auſſi elle
eſtoit appellée en Langue Germanique *Einturkes*, &
connuë de toutes les Nations par ce nom. L'opinion la
plus commune, eſt qu'elle croiſt vers les Iſles argentines,

D

eſtoient fort rares, eſtoient fort eſtimées. Auſſi avec raiſon l'on donne à cette pierre le nom de belle, & l'on peut
ajoûter d'admirable, puiſqu'on remarque en elle, le feu
du Rubis, le pourpre de l'Amethiſte, & le vert de l'Eſme-
raude qui reluiſent enſemble par un merveilleux meſlange.
Quelquefois il s'en rencontre meſlées de tant de couleurs
diverſes, que l'on y voit toute la varieté de l'Arc-en-Ciel:
& neanmoins encore que ces couleurs ſemblent reſider
en cette pierre, pluſieurs s'y ſont le plus ſouvent trompez, dautant qu'eſtans caſſées en deux ou pluſieurs morceaux, ces ſortes de couleurs s'évanoüiſſent: ce qui fait
connoiſtre à ceux qui les ont caſſées, que toutes ces couleurs naiſſent ſeulement de la reflexion d'une ou de deux
couleurs principales.

Il ſe remarque que du temps des Anciens, l'Opale eſtoit
appellée *Paideros*, qui répond au nom Latin *Puer*, qui
veut dire enfant, dautant que comme un enfant eſt digne
d'amour, auſſi cette pierre doit-elle eſtre aimée d'un chacun pour l'admirable reverberation de toutes ſes couleurs,
& dit-on qu'autrefois elle a eſté en telle conſideration,
que Nonius Senateur Romain qui en poſſedoit une, fut
banny par Marc-Antoine, pour la luy avoir refuſée. Ce
qui a fait dire à Pline faiſant reflexion ſur la diſgrace de
ce Senateur qui n'emportoit de tout ſon bien dans le lieu
de ſon exil que cette Opale, qu'il y avoit ſujet de blâmer &
l'un & l'autre, Sçavoir Marc-Antoine pour avoir banny
un Senateur Romain pour une Opale qui luy avoit eſté
refuſée, & Nonius pour s'eſtre obſtiné à preferer la poſſeſſion de cette pierre à ſon repos, & à celuy de toute ſa
famille.

Quant à l'OPALE de BOHEME, elle tient plûtoſt de
l'Opaque que du diaphane, & neanmoins on y peut rencontrer l'un & l'autre; elle eſt d'une couleur de laict, & ſe
tire d'ordinaire de la mere des Opales, c'eſt à dire de
l'Opale Orientale.

La GYRASOLE a toûjours eſté apellée des Anciens du
nom de fauſſe Opale, parce qu'elle cache au dedans une

fauſſe

Des couleurs de l'Opale.

Pourquoy l'Opale a eſté tant recher-chée des Anciens.

De l'Opale de Boheme.

De la Gyra-ſole appellée Oeil du So-leil.

font elles brilliantes & diaphanes en leurs couleurs, ce qui a donné lieu aux Anciens de les appeller ordinairement *Prafines*, *Neronianes*, d'autres *Domitianes*, & de prefent les Indiens & Perfans les nomment *Pachée*, & les Arabes *Zamarut*.

Il y a diverſité d'opinions du lieu où les Eſmeraudes s'engendrent, la plus commune eſt qu'elles croiſſent dans les montagnes, appellées Manta ou Porto Vieio. Depuis que les Eſpagnols ont conquis le Perou, l'on a trouvé des mines qui leur en ont produit telle quantité, que pendant un long-temps l'on en a fait fort peu d'eſtime ; Mais pour celles appellées Orientales, autrement dites de vieille roche, ſoit que la mine en ſoit épuiſée, ou que le lieu d'où elles ſe tirent ſoit inacceſſible, on tient qu'il ne s'en rencontre preſque plus à preſent. Quelques-uns ont crû qu'il y avoit de douze genres d'Eſmeraudes, les *Schytiques*, les *Bactrianes*, les *Egyptiennes*, les *Ethiopiennes*, les *Perſiques*, les *Mediques*, *les Atiques*, les *Carcedoines*, les *Laconiques*, les *Chalcoſmaragdus*, & les deux dernieres *Colam* & *Latanos* ; mais aujourd'huy toute cette diverſité ſe reduit en deux eſpeces, comme il vient d'eſtre expliqué, ſçavoir les Orientales, & les Occidentales.

Ce qui eſt remarquable & digne d'admiration, eſt que ces Eſmeraudes ſe perfectionnent ainſi que j'ay dit du Rubis dans leur miniere, & qu'elles prennent peu à peu leur verdeur, comme le fruit ſur l'arbre prend ſa maturité. Le témoignage le plus certain eſt qu'elles ſe trouvent dans la miniere en pierre comme vn criſtal, & qu'auparavant que leur couleur commence à tirer ſur le vert, il s'y forme une veine : qu'enſuite elles ſe perfectionnent en l'un de leurs coins, qui eſt celuy qui regarde le Soleil levant, & que c'eſt par cét endroit que leur eſt communiquée leur plus vive couleur, juſqu'à ce qu'elle s'étende par toutes les parties de ces pierres, & qu'elle leur ait fait perdre leur couleur blanche, qu'elles avoient naturellement pour les rendre apres en leur perfection : ce qui fait croire que celles que l'on voit imparfaites en couleur

meſme en la nouvelle Eſpagne, dans la Boheme & dans la Sileſie ; & qu'il y en a de deux ſortes, la Perſienne & la Turquine, dont la Perſienne eſt la plus noble, dautant qu'elle garde fort long-temps ſa couleur ſans changer. Et quant à la Turquoiſe appellée Turquine, il eſt bien vray qu'elle ſe rencontre en quelque façon de la meſme couleur que la Perſienne, mais elle eſt fort ſujette à verdir.

Il ſe remarque que les lieux où la Turquoiſe ſe trouve ſont pour la pluſpart inacceſſibles, & qu'il eſt fort difficile de les rencontrer, dautant que comme ces lieux ſont pleins de glace, on ne peut arriver que rarement aux roches où elle croît, ce qui oblige ceux qui les cherchent à les abatre de loin à coups de frondes ; & comme ces Turquoiſes tombent avec leurs croûtes ou mouſſes, & que la pluſpart ſont fiſtuleuſes, pleines de trous, de craſſe & d'ordure, c'eſt ce qui cauſe qu'il eſt tres-difficile d'en rencontrer de parfaites : Auſſi cette difficulté de les avoir fait que parmy la jeuneſſe du païs, celuy-là a beaucoup d'honneur qui en a beaucoup abbatu, pour y avoir de tres-grands hazards en ce travail, ſe rencontrant aſſez ſouvent que tel en abbat de belles en fort peu de temps & ſans beaucoup de travail, qui eſt ſuivy d'un autre qui conſume tout ſon temps, & ſe rompt les bras ſans en avoir une.

La maniere qui s'obſerve pour tirer les Turquoiſes de leurs roches.

Quant à la TVRQVOISE, appellée de NOVVELLE ROCHE, elle ſe trouve vers le Languedoc, & en quelques autres contrées de la France, ſa couleur eſt d'ordinaire plus chargée de bleu que les Perſiennes & Turquines : & quoy que cette couleur faſſe aiſément connoiſtre la difference de l'une & de l'autre, c'eſt à dire de cette Roche nouvelle, & de l'ancienne, le poliment en eſt encore ſi different, qu'il n'y a pas beaucoup de difficulté à les diſtinguer; la nouvelle Roche ayant un poliment remply de rayes & filamens, & celle de vieille Roche, c'eſt à dire la Perſienne auſſi bien que la Turquine, ayant un poliment doux ſans aucunes rayes ſemblables : Ce qui ſert de remarque pour connoiſtre au vray la qualité de ces ſortes de pierres, dau-

De la Turquoiſe de nouvelle roche.

Moyens de connoiſtre la Turquoiſe de vieille roche d'avec la nouvelle.

tant que par le poids non plus que par la dureté, elles ne
different point l'une de l'autre.

Quoy que toutes choses semblent se consommer, & se
détruire par le temps, on ne dit point que les pierres precieuses se changent, ny qu'elles perdent rien de leurs qualitez (estant à cause de leur dureté en quelque façon in-
corruptibles,) il est vray qu'elles perdent leur éclat, c'est
à dire leur poliment, mais estant travaillées de nouveau
& mises sur la roüe de fer ou de cuivre, elles reprennent
leur premier lustre, & deviennent ce qu'elles avoient esté
auparavant. Mais pour les pierres appellées Turquoises,
& mesme les Turquines & les Persiennes, quoy que precieuses, changent leur couleur : ce qui est une espece de
defaut naturel en cette pierre, & neanmoins qui n'em-
pesche pas qu'elle ne soit fort estimée, sur tout quand
elle se rencontre en toute perfection ; j'entends lors qu'elle passe la grandeur ordinaire, & pour lors ceux qui en
possedent de semblables, en ont ce qu'ils en desirent
avoir.

Que toutes
sortes de Tur-
quoises se dé-
truisent par
le temps.

CHAPITRE XII.

DE LA PRESME D'ESMERAVDE,
& de la Smaragdoprase.

CETTE pierre est demy transparante & demy opaque, elle est appellée des Anciens *Prasma*, & tenuë
pour la mere des Esmeraudes ; il s'observe qu'il y en a de
quatre sortes. La premiere est d'une couleur qui approche
fort de celle de Iaspe, & tient du jaune & du verd. La
seconde est de couleur de feuchere. La troisiéme a peu de
verdeur, & paroist mélée de plusieurs couleurs differentes, & la quatriéme de couleur blanche, jaune & bleuë,
avec quelques taches noirâtres : Elles ne se trouvent pas
seulement dans les Indes Orientales & Occidentales, mais
encore dans l'Europe & dans la Boheme.

Des qualitez
de la Presme
d'esmeraude.

D ij

La pierre appellée Smaragdoprase, semble tenir le milieu entre l'Esmeraude & la presme d'Esmeraude, elle differe neanmoins l'une de l'autre, sçavoir de la presme d'Esmeraude, en ce qu'on n'y découvre aucune couleur jaune, & De l'Esmeraude, en ce qu'on y remarque moins de verdeur, Elle n'est tout à fait diaphane ny tout à fait opaque, quoy qu'on puisse dire qu'elle a tout ensemble de la transparance & de l'opacité; Au reste elle se prend plûtost pour vn Iaspe ou pour une presme d'Esmeraude, que pour une Esmeraude veritable.

CHAPITRE XIII.

DE LA HYACINTHE LA BELLE,
& des autres sortes de Hyacinthes.

Quelles sont les sortes de Hyacintes.

IL y a quatre especes de Hyacinthes, qui sont de quatre sortes de couleurs, dont la premiere est appellée Hyacinthe la Belle, qui tire en quelque façon sur la couleur de Rubis; la seconde d'un jaune doré; la troisiéme appellée Hyacinthe la changeante d'un jaune de citron, & la derniere espece de la couleur de grenat: & quoy que differentes en couleur, elles sont neanmoins toutes Orientales. On ajoûte une cinquiéme sorte de Hyacinthe qui se trouve vers les confins de la Silesie & de la Boheme; mais comme elle est fort terrestre, & qu'elle n'a aucune reverberation qui puisse satisfaire la veüe, j'ay pensé qu'il n'estoit point à propos d'en parler.

De la Hyacinthe appellée la Belle.

Plusieurs qui n'ont pas toute la connoissance au faict de la pierrerie, tiennent que la Hyacinthe appellée la Belle pourroit estre comparée à la Topase orientale; mais on peut dire qu'ils se sont fort abusez, n'y ayant pas de comparaison de l'une à l'autre, soit pour la beauté de la couleur, soit pour la dureté qui est en la Topase Orientale, qui luy fait avoir un poliment tout autrement admirable,

que celuy de la Hyacinthe : & fans m'arrefter plus particulierement à la recherche des efpeces differentes de cette pierre, je me contenteray de dire qu'elle eft à prefent
beaucoup moins en ufage qu'autrefois , & qu'elle eft
auffi bien moins eftimée.

CHAPITRE XIV.

DE LA CHRYSOLITE.

LA Pierre appellée Chryfolite a un verd qui la ren-
doit autrefois recommandable parmy les Anciens,
au gré defquels elle furpaffoit toutes les autres pierres en
beauté, dautant qu'alors que fa Roche fut trouvée , on
n'avoit pas encore toute la connoiffance des autres pierres , particulierement des Efmeraudes.

Les premiers qui firent rencontre de cette Roche, furent certains Abiffins Sujets du Roy de Melinde, qui s'é-
toient refugiez en l'Ifle d'Arabie, apres avoir long-temps
couru les mers. Vn certain Auteur ajoûte que dans la
mer rouge il y a une Ifle nommée Topaxos, où il y a eu
beaucoup de ces fortes de pierres ; & remarque entre
autres chofes qu'il en fut donné une à la Reyne Berenice
mere du Roy Ptolomée II. laquelle eftoit d'une extraordinaire grandeur ; & dit auffi qu'il s'en eft trouvé vers la
ville d'Alabaftrum de la haute Egypte, de deux efpeces,
l'une dite *Parafois*, & l'autre *Gryfopteros*. Agricola voulant expliquer la difference de ces deux efpeces de Chry-
folites, dit que la premiere efpece a un luftre pareil à celuy de la Topafe de Saphir , & que l'autre eft beaucoup
plus blafarde, plus tendre, & a moins de poliment ; mais
enfin l'on peut dire qu'il n'y a point de pierre precieufe
qui fe trouve plus grande, & qui foit de fi peu de confideration à prefent.

Des qualitez
de la Chryfo-
lite , & du
lieu d'où elle
fe trouve.

CHAPITRE XV.

DV PERIDOT.

LE Peridot est une pierre qui tire sur le verdâtre ainsi que la Chrysolite, laquelle d'ordinaire se trouve fort grande, & mesme fort nette. Quoy qu'elle ne soit pas beaucoup plus dure que l'Esmeraude, elle est neanmoins tres-difficile à tailler, & l'usage en est fort rare, sinon lors qu'elle se trouve d'une grandeur extraordinaire ; encore ce ne peut estre que pour remplir certains ouvrages qui ne sont que d'une moyenne consideration, ce qui est cause qu'elle est tres-incommode à garder. Aussi dit-on communément entre les Marchands, que qui en a deux en a trop, veu le peu d'occasions que l'on trouve de les vendre. Il y a grande apparence que cette pierre se tire du mesme lieu que la Chrysolite ; & neanmoins il n'y a point d'Autheurs qui en donnent asseurance ; ce qui devroit m'obliger d'en faire une recherche plus exacte ; mais comme cette pierre est si peu en usage, j'ay crû qu'il n'y avoit pas lieu de s'en mettre beaucoup en peine.

CHAPITRE XVI.

DE LA VERMEILLE ET DE l'Escarboucle.

Des qualitez de la Vermeille, & pourquoy les grandes sont si fort estimées.

LA VERMEILLE estoit appellée du temps des Anciens, Grenat Bohemique, & a toûjours esté preferée à toutes sortes de Grenats, mesme aux Grenats Suriens, & lors qu'il s'en est trouvé de grandes, elles ont esté mises au nombre des pierres les plus precieuses : Aussi cette pierre a une vertu toute particuliere, sa cou-

leur ne fe changeant jamais, & fouffrant le feu fans fe
gâter ny dépolir.

On pourroit dire que la couleur de cette pierre eft d'un
rouge fort noirâtre ; mais cette Vermeille eftant chevée
ou creufée en deffous, elle a une parfaite beauté, & eft
tout à fait confiderée, je dis lors qu'elle fe trouve grande;
car pour les petites elles font fi communes & fi peu eftimées, qu'elles ne meritent pas la peine d'en traitter.

Pour la pierre appellée Efcarboucle, c'eft à dire char-
bon ardent, qu'on a crû avoir la proprieté de donner du
jour dans les tenebres, il feroit bien plus raifonnable de
croire que le nom qui a efté donné à cette pierre eft
plûtoft une imagination qu'une veritable proprieté qu'elle eût de donner du jour ; Auffi il ne fe trouve aucun Autheur qui dife en avoir eu la connoiffance: & qui en voudroit parler proprement, il faudroit dire que cette pierre
n'eft qu'un Grenat Cabochon, qui d'ordinaire eftant
chevé, paroift d'une couleur toute de feu ; au fujet de
quoy cette pierre chez les Anciens, a paffé pour quelque
chofe de bien confiderable, & a efté eftimée pour une
des pierres les plus precieufes apres le Diamant, encore
qu'on n'en deût pas faire grande eftime.

CHAPITRE XVII.

DV GRENAT SVRIEN,
& des autres Grenats.

IL y a de plufieurs fortes de Grenats, les uns appellez
Orientaux, les autres Occidentaux, les Orientaux font
d'ordinaire de trois qualitez differentes, dont les premiers font appellez Grenats Suriens, pour eftre d'une
couleur violette, meflée de pourpre, fort agreable à la
veuë; depuis peu on leur a voulu donner le nom d'Ame-

thiſtes Orientales, quoy qu'ils n'ayent ny leur poids ny
leur poliment, la ſeconde, ſont ceux qui portent une couleur d'Hyacinthe, & ceux de la troiſiéme ſorte portent
une couleur entremeſlée de noirceur, qui ne ſont neanmoins deſagreables, lors qu'ils ſont ſur une feüille d'argent.

Anciennement tous ces Grenats eſtoient apellez Rubis de Barbarie, à cauſe qu'ils ſe tirent de la Naſamonie,
où il s'en faiſoit un tres-grand trafic, & plus encore à
Carthage; mais pour le preſent, tous ces Grenats ſont
fort peu conſiderez, hors ceux appellez Suriens; encore
faut il dire lors qu'ils ſe rencontrent parfaits en couleur.

LIVRE II.

AVANT-PROPOS.

Des Perles en general.

YANT traitté des pierres precieuses, qui sont les principales richesses qui se tirent des Indes Orientales, ce seroit avoir manqué au dessein que j'ay formé de traitter de tout ce qui est de precieux, si j'avois oublié à parler des perles, appellées par les Arabes & les Perses *Iulu*, par les Indiens *Moti*, par les Portugais *Aliofar*; & autrefois par les Anciens *Marguaritæ*.

Du nom qui a esté donné aux Perles.

Elles sont differentes selon leur lieu natal, & selon leur beauté; aussi les peuples de l'Europe sçavent bien discerner les Orientales d'avec les autres.

Dans les premiers temps, on faisoit telle estime de la Perle, qu'il n'appartenoit qu'aux personnes de la condition la plus relevée d'en porter; mais, comme par les recherches qui en ont esté faites, depuis que les hommes ont eu connoissance de leur valeur, elles sont devenuës beaucoup plus communes, & toutes sortes de personnes en ont eu l'usage, l'on remarque qu'il n'y a pas jusqu'aux femmes des Neigres qui n'en portent en toutes leurs parures, dont elles font leurs plus beaux ornements, mesmes en coliers, en chaisnes, & en pendans d'oreilles.

Des recherches des Perle.

Quoy qu'il en soit, & nonobstant le commun usage de la Perle, on peut en dire toute autre chose que de tous

les autres trefors, & mefme des pierres les plus precieufes,
la Toute - puiffance ayant fait particulierement admirer
fes merveilleux effets en cét ouvrage, ainfi qu'il fera plus
particulierement remarqué cy-apres.

CHAPITRE I.

DE LA FORMATION DE LA PERLE
en fa Coquille ou Conque.

Des chofes neceffaires pour la formation de la Perle.

CEvx qui ont traitté des Perles, en ont parlé dans
une obfcurité étrange, je veux dire qu'ils n'ont donné aucune certitude de leurs qualitez, non plus que de
leur eftime. Pour en difcourir avec plus d'éclairciffement,
d'ordre, & de methode, l'on peut dire que la Perle prend
fa naiffance dans le corps de l'animal, où elle prend fon accroiffement peu à peu, c'eft à dire, à mefure qu'elle s'at-
tache à la Coquille en de tres-petites parties, qu'elle fe feche petit à petit, & s'endurcit, & qu'en certain temps de
l'année, l'animal rend cette Perle, & la jette dehors ; ce

Comment la Perle fe grof-fit.

qui caufe qu'elle fe trouve enveloppée de diverfes peaux,
la premiere de deffous eftant feche devant qu'une autre fe
congele ; & qu'ainfi par la fucceffion continuelle d'une
nouvelle humeur, cette Perle croift & groffit par de nou-
velles peaux.

De la Perle ronde, & des chofes qui font neceffai-res pour fa formation.

Les Perles ont leur figure ronde ou autre, felon qu'elles
font formées : parce que lors qu'il arrive qu'à cette premiere particule d'humeur dont la Perle fe forme, il fuccede
une nouvelle humeur, & que de tous coftez également
cette premiere particule en eft humectée ; alors la nouvelle humeur prenant la nature de cette premiere, déja
confolidée & formée en Perle, en augmente la maffe &
en groffit le volume en figure ronde, à caufe de cette
mefme égalité d'humectation en toutes fes parties ; ou,

tout au contraire, lors que cette particule n'a pas esté détrempée ny moüillée également, mais plus en une partie qu'en d'autres, la partie de la Perle moins humectée se colle & adhere, & l'humeur ne pouvant s'insinüer de ce côté, la Perle ne peut estre ronde, mais platte, ou longue, ou de quelqu'autre forme, ce qui fait que l'on en voit beaucoup plus de difformes que de parfaites.

Les Coquilles ou Conques où se trouvent les Perles, ne sont point celles qui paroissent polies & parfaitement belles au dehors, mais ce sont celles qui paroissent tout à fait deffectueuses & inégales, ayant des bosses de côté & d'autres, ce qui les fait connoître pour estre grosses de perles.

C'est une erreur de croire que les Perles se trouvent molles en sortant de l'animal qui les engendre, & qu'elles ne prennent de dureté que depuis qu'elles en sont sorties, & sont exposées à l'air; car, au contraire, elles s'endurcissent en se formant. Il est aussi à remarquer, qu'autant que les Coquilles sont plus ou moins dans la mer, elles portent aussi de plus grandes ou moindres Perles, ce qui peut faire croire que les Perles naissent plûtost dans leurs Coquilles par la vertu seminale de l'animal mesme, que non par de la rosée du Ciel, comme on le croit communément.

Quant aux lieux où les Perles se trouvent, les plus parfaites se peschent dans le Golfe Persique, entre l'Isle Ormus & Bassora, aux environs de Catyffa, Camaron & Iulfa: celles qui sont en poires appellées Vnions, proche le Promontoire de Comorin, vers les Isles de Burne, & les moindres en l'Isle de Zeilan, & en Taprobane, & Caralco.

DES DIFFERENTES FORMES
des Perles.

IL y a des Perles rondes, d'autres rondes à demy, d'autres longues, d'autres en poires, d'autres en boutons, & d'autres plattes; & comme elles se rencontrent de differentes formes, grandeurs, figures, & beauté, elles diffe-

E ij

leurs ont esté
dõnez par les
Anciens.

rent aussi beaucoup de prix & valeur. Anciennement les Perles rondes estoient appellées *Ave Maria*, en ce qu'elles sont comme des grains de Chapelet ; & celles en poire, *Vnions*, quand elles pouvoient estre appareillées deux ensemble ; aussi, lors qu'elles se rencontroient, leur prix en estoit de beaucoup augmenté : car si une seule estoit donnée pour un prix, on donnoit trois fois autant pour auoir la semblable ; comme elles sont fort rares, elles ne passent point d'ordinaire en d'autres mains qu'en celles des Rois ou Princes, & l'occasion d'en rencontrer à present est fort difficile ; je veux dire de celles de la premiere qualité, parce que les Rois des Indes ne souffrent plus que les choses extraordinaires, aussi bien en matiere de Perles, qu'en matiere de pierres precieuses, se transportent hors de leurs pays, obligeant mesme ceux ausquels ils donnent pouvoir de les chercher de leur apporter ce qu'ils en trouvent de plus considerable ; & l'on peut dire qu'il ne s'en verroit plus, si ce n'estoit par le moyen de ces pauvres miserables qui les vont pescher, lesquels ayans fort peu de recompense de leur peine de la part de leurs Rois, font ce qu'ils peuvent pour les vendre à des Marchands, desquels ils en tirent un bien plus grand prix que celuy qu'ils recevroient en les portant à leurs Princes.

Opinion de
Pline sur la
formation de
la Perle, &
des lieux où
elle se pesche.

Pline en son Histoire naturelle, dit que la Perle se trouve en plusieurs lieux de l'Ocean, dans le Golphe Persique, vers les Isles de Taprobane, Torois, & Perimula. Que pour l'ordinaire il se trouve en chacune de ces Coquilles quatre ou cinq Perles. Quelques autres qui ont couru l'Ocean Meridional, disent y en avoir veu plus de cent cinquante ; qu'encore qu'elles soient renfermées en leurs Coquilles ou Conques, elles n'y sont pas neanmoins attachées, & que lors, que cela arrive, on leur donne le nom de Coques ou Louppes de Perle. Le mesme Pline ajoûte que l'on tire encore des Perles vers l'Escosse, & en la mer de Venise, mesme vers la riviere de Boheme ; mais j'estime que cét Autheur a plûtost parlé de la Perle par conjecture que dans une parfaite connoissance.

Mathiole en fon 2. Livre des Commentaires , parlant des Perles, a dit qu'elles croiſſent en des Coquilles ſemblables à celles des huîtres.   Qu'en certains temps , lors que la ſaiſon & une eſpece d'inſtinct naturel les portent à engendrer, elles s'ouvrent comme en bâillant, & ſe rempliſſent d'une roſée dont elles conçoivent. Qu'eſtant ainſi pleines de cette roſée feconde, il ſe forme en elle de petits grains qui ſe figent, ſe durciſſent, & enfin qui ſe glacent peu à peu ; apres quoy la nature leur donne leur éclat à la faveur des rayons du Soleil , ſelon la qualité de la roſée qu'elles ont receuë, c'eſt a dire, que, ſi la roſée eſt coulée pure dans cette Coquille , les Perles ſeront blanches & de belle eau ; Que ſi, au contraire, cette roſée y eſt tombée trouble & alterée de quelque impureté , elles ſeront difformes & mal nettes.   Il ajoûte qu'elles ſont produites ordinairement dans un temps fort inconſtant, & que c'eſt d'où vient qu'il s'en rencontre beaucoup plus d'imparfaites que d'autres qui ayent toute la perfection requiſe , dautant que, ſi dans le temps que les Coquilles reçoivent la roſée, elles en ſont remplies autant qu'il le faut , elles produiſent, dit cét Autheur, des Perles groſſes & pleines. Que ſi , au contraire le tonnerre & l'orage les font ſe reſſerrer par la peur, & plonger en l'eau, leurs conques ſe ferment, & s'eſtant fermées , elles n'engendrent plus que des avortons de Perles , boſſuës ou plattes, pleines d'air, & ſans corps.   Il dit auſſi que dans l'eau elles ſont molles, & qu'eſtant dehors & expoſées à l'air, elles s'endurciſſent auſſi-toſt.

DE LA PESCHE DES PERLES.

LA pluſpart des Autheurs dont j'ay parlé, particulierement ceux qui ont navigé dans les mers où ſe trouvent les Perles, ont tous remarqué que la maniere de les peſcher, eſt tout à fait extraordinaire ; & qu'encore que les Coquilles où elles s'engendrent ſoient fort avant dans la mer, & qu'il ſemble qu'on ne puiſſe les y rencontrer,

neanmoins les hommes en se plongeant en l'eau, & rete-
nants leur haleine autant de temps qu'il en est besoin, les
attrapent.

Relatiõ par-
ticuliere des
Perles & de
leurs coquil-
les ou con-
ques.

Quelques-uns ont rapporté (mais cette relation est sus-
pecte) que chaque troupe de ces Coquilles, imitant les
mouches à miel, pour se conduire ont pour Reyne celle
qui est la plus belle & la plus grande, ce qui cause que
ceux qui sont preposez pour les pescher, recherchent soi-
gneusement les plus grosses, esperant que, si celle qui conduit les autres est prise, ils attraperont aisément celles qui
vont apres çà & là sans ordre. Ils asseurent aussi une chose assez difficile à croire, qui est que cette Coquille, Mere,
ou Reyne Perle, prevoyant que l'on la veut prendre, se
serre incontinent, & fait ce qu'elle peut pour attraper la
main de celuy qui la poursuit; & que, si elle peut l'attraper,
elle la couppe, ou du moins l'endommage beaucoup de
ses bords; & ainsi qu'elle se vange de son ennemy: & enfin qu'estans prises on les couvre de sel dans des pots ou
vases, & que la chair estant consumée, les Perles sortent
des Conques où elles estoient prisonnieres.

Autre manie-
re de pescher
les Perles, &
comme elles
se trouvent
en leurs co-
quilles ou
conques.

Acosta au Livre 4. de son Histoire, chapitre 15. semble
donner quelque éclaircissement plus particulier sur ce
sujet, & dit que la pesche des Perles se fait avec beaucoup
de travail, & qu'il a veu les Esclaves se plonger six &
neuf fois, quelquefois jusqu'à douze brasses en la mer,
pour chercher les huîtres, lesquelles ordinairement sont
attachées aux rochers: qu'ils les arrachent de là, & s'en
chargent, les mettant en leurs canois, afin de revenir sur
l'eau: & qu'apres ils les ouvrent pour trouver le tresor
qu'elles ont au dedans. Il ajoûte que l'eau de la mer en
cét endroit est tres-froide, ce qui cause un grand travail à
ces pauvres Esclaves, lesquels pour retenir leur haleine, ne
mangent que des viandes seches, & encore en tres-petite
quantité.

On remarque que depuis que les Espagnols ont esté
maistres du Perou, il s'est apporté dans l'Europe une telle
quantité de Perles, & si fort surprenante, qu'en l'année

mil cinq cens quatre-vingt sept, on fit compte sur les me-
moires des Indes, qu'il y avoit pour le Roy d'Espagne dix-
huit à vingt marcs de Perles de differentes sortes, & toutes d'une beauté parfaite, outre trois cassettes pleines de
menuës, c'est à dire de Perles que nous appellons Perles à
l'once; & que pour les Marchands particuliers d'Espagne
& de Portugal, il y en avoit plus de treize cens marcs, sans
plusieurs sachets appartenans à plusieurs passagers qui n'a-
voient point esté pesées, ce qu'on prendroit à present pour
une chose imaginée à plaisir.

Carcillasso de la Vega, rapporte en ses Commentaires, De la quan-
tité des Perles
apportées du
Perou.
qu'en l'année mil cinq cens soixante-quatre, la pesche des
Perles estoit telle, que l'on en apporta des Indes au Roy
d'Espagne une si grande quantité, qu'à Seville on les ven-
doit par monceaux: & que ces Perles estans mises à l'encan Des Perles
venduës à Se-
ville.
pour estre delivrées au plus offrant, afin de les faire mon-
ter bien haut, *s'il y a quelqu'un*, disoit un jour le Commis-
saire *qui en offre tant*, & ce disant il nommoit la somme, *il
aura six mil Ducats de present.* Ce qu'il n'eût pas plûtost
achevé de dire, qu'il se trouva un Marchand qui fut assez
hardy pour en offrir ce que l'Officier en demandoit, non
pas tout à fait au hazard, mais par une connoissance certaine qu'il avoit de ce que valoient les Perles, dont il faisoit un commerce ordinaire; & neanmoins quelque grande que fut cette somme offerte, il y eut un autre Marchand qui encherît au dessus; mais le premier se contenta
pour lors de six mil Ducats de gain pour une seule parole
qu'il avoit dite, ce qui n'empescha pas que celuy qui a-
chepta les Perles ne fut encore plus satisfait, veu la quantité qu'il y en avoit, qui luy faisoit esperer un gain incomparablement plus grand que celuy de l'autre; & par ces
six mil Ducats donnez, on peut juger combien grand
estoit le prix.

Ce mesme Autheur ajoûte, & dit avoir connu un jeune
homme de fort bas lieu, travaillant à Madrid en l'année
mil cinq cens septante-deux, lequel quoy qu'il fut un des
meilleurs ouvriers de son temps, & qu'il gagna beaucoup,

il eſtoit toûjours gueux & malheureux, perdant tout d'un coup ce qu'il avoit gagné à travailler ; & qu'un jour il luy dit qu'il le verroit reduit à de grandes extremitez ; à quoy l'autre fit réponſe qu'elles ne pourroient eſtre plus grandes que celles où il s'eſtoit veu, qu'eſtant arrivé en la Cour, il ne s'eſtoit trouvé que quatorze Maravadis, & que neanmoins touché de ce reproche, dans la crainte d'une perpetuelle miſere, il ſe reſolut de voir à quelque prix que ce fût s'il n'en pourroit point ſortir, & ſe connoiſſant fort bien en Perles, ſe determina de faire un voyage aux Indes, & d'en trafiquer, où il trouva ſi bien ſon compte, qu'il devint riche de plus de trente mil Ducats, & ſçeut depuis tellement ménager ce profit qu'étant retourné une ſeconde fois aux Indes avec beaucoup de marchandiſes, & beaucoup de credit, il en revint ſi puiſſant, qu'il donna de l'envie à tous ceux auſquels il avoit fait pitié.

Remarques de Carcilaſſo de la Vega.

SI l'on en croit le meſme Carcillaſſo de la Vega, en l'année mil cinq cens ſeptante-neuf, il fut veu une Perle à Seville entre les mains d'un Cavalier nommé Dom Diego de Temes, qui fut preſentée au Roy Philippes II. & qui avoit eſté apportée de Panama, laquelle eſtoit en la façon d'une poire, d'une groſſeur approchante de celle d'un œuf de pigeon, & qui fut priſée quatorze mil quatre cens Ducats. Le nommé Treco Ioüallier du Roy d'Eſpagne, l'ayant veuë, dit tout haut qu'elle en valoit quatorze mil, trente mil, cinquante mil, cent mil, pour montrer par là qu'elle eſtoit ſans prix, pour n'avoir point ſa pareille dans le monde, à raiſon de quoy elle fut appellée en Eſpagnol *Peregrina*, qui vouloit dire l'incomparable, & on la montroit à Seville comme une choſe miraculeuſe.

Qu'une Perle qui eſt unique en ſon eſpece ainſi qu'une pierre precieuſe, n'a point de prix arreſté.

Ceux qui ſe connoiſſoient des mieux en Perles, diſoient qu'elle ſurpaſſoit de vingt-quatre carats toutes les autres Perles du monde, voulant dire par là que tout autre ne meritoit de luy eſtre comparée.

L'on tient que ce fut un petit Negre qui la peſcha, &, à ce que diſoit ſon maiſtre, la Conque en eſtoit ſi petite, que n'y ayant pas d'apparence qu'il s'y deût rien trouver, on fut sur le poinct de la rejetter en la mer, mais comme le contraire fut reconnu, cét Esclave fut mis en liberté, pour avoir trouvé une si bonne fortune. Et quant au Cavalier son maistre, le Roy luy donna pour reconnoissance de son present, la charge de grand Prevost de Panama.

L'on tient pour erreur ce que rapporte Pline, lors qu'il dit que des deux Perles qui servoient de pendans d'oreilles à Cleopatre, & desquelles elle avoit payé soixante mil sesterces, ou un million cinq cens mil livres, elle en mangea une qu'elle fit dissoudre dans le vinaigre; comme aussi ce qu'il dit, qu'il en fut mis une autre de pareil prix aux oreilles d'une Statuë de Venus à Rome, & que Clovis en un banquet, en fit presenter à chacun de ceux qu'il avoit invitez, lesquelles on fit toutes dissoudre pour une plus grande magnificence de son regal, n'y ayant point d'apparence de croire que des choses si estimées & tenuës pour des thresors les plus precieux, fussent détruites par ceux mesme qui les avoient en leur possession.

Des deux Perles de Cleopatre.

CHAPITRE II.

DES PERLES D'ESCOSSE.

LEs Perles d'Escosse, appellées par les Anciens Occidentales ou Bohemiques, se trouvent fort differentes en qualitez. Celles qui se peschent vers les confins de la Boheme, & encore aux environs de la Citadelle de Rab, sont preferables à toutes les autres qui se tirent de l'Escosse & de la Silesie. Les premieres ont une couleur en quelque façon argentine, & si ce n'estoit que cette couleur est blanchâtre, ce qui les fait paroistre d'une espece de

Quels sõt les qualitez des Perles d'Escosse.

couleur de laict, on auroit peine de les difcerner des Orientales.

Elles prennent leur accroiffement par particules, ainfi que les Perles Orientales ; & tout ce que j'ay remarqué dans le premier Chapitre de cette feconde Partie touchant la formationde la Perle, fa durereté & fes autres qualitez, fe peut encore appliquer aux Perles d'Efcoffe. Ce qui fait que pour ne pas rendre ce Traitté ennuyeux, j'obferveray feulement que ces fortes de Perles ne fe rencontrent pas en tant de differentes formes que les Perles Orientales : car foit qu'on rejette en la mer, celles qui font difformes, ou fort petites, ou foit que leur Coquille ou Conque ne foit pas naturellement difpofée à en former de telles, Ou foit enfin pour mieux dire, parce qu'elles font peu eftimées, quoy qu'elles donnent autant de peine à les pefcher, que fi elles eftoient Orientales, elles fe trouvent d'ordinaire, & pour la plufpart rondes ou en bouton; & peu de perfonnes s'adonnent à employer leur temps pour les chercher.

Quelle eft la qualité des Perles & qu'elles fôt plus eftimécs que les pierres precieufes.

Quoy que mon intention n'ait pas efté d'abord de rien emprunter d'aucunes relations en ce Traitté, j'ay bien voulu neanmoins rapporter celles-cy, foit pour faire connoiftre la quantité des Perles qui ont efté tranfportez autrefois des Indes, foit auffi pour marquer l'eftime que l'on en a toûjours fait, ce qui n'eft pas à la verité fans fujet, en ce qu'on ne touche point aux Perles que pour les percer, Dieu leur ayant donné toute la perfection en leur donnant l'eftre. Ayant cela d'admirable, que l'on n'y ajoûte rien, & qu'elles reftent felon la forme en laquelle chacune a efté trouvée.

Que la Perle fe détruit par le temps.

Cette perfection ou ce don particulier de la nature de la Perle ne fe rencontre pas en toutes les pierres precieufes. Il eft bien vray que les pierres precieufes ne vieilliffent jamais, qu'elles ne perdent point leurs couleurs, ainfi que j'ay dit dans les Chapitres precedens, & que la Perle ayant fervy quatre-vingt ou cent années fe change, fe jaunit, & enfin fe détruit en fa forme, ainfi que quantité

d'autres chofes qui ne fubfiftent pas toûjours en un mefme
eftat; Mais auffi il eft neceffaire d'obferver, que pour faire
paroiftre & valoir ces pierres precieufes, il eft befoin
de recourir au fecours de l'homme, auquel Dieu a donné
les lumieres neceffaires pour les travailler & rendre en
leur perfection, c'eft à dire qu'il eft befoin des Diaman-
taires & Lapidaires pour les tailler & polir, autrement
ce ne feroit que des pierres brutes fans aucun brillant,
qui fait croire que tous les Autheurs qui ont traitté de la
perfection de la Perle, & qui ont foûtenu que c'eftoit le
trefor le plus precieux, ne fe font point trompez, puis
qu'elle fert d'ornement à toutes chofes qui peuvent
fatisfaire à la veuë.

CHAPITRE III.

DE LA NACRE DE PERLE.

LA Nacre de Perle n'eft à proprement parler que le
nœud qui eft à la fin d'une Coquille; On en rencontre de diverfes fortes, les unes parfaites, les autres
mal formées. Les blanches qui font bien formées, c'eft
à dire qui font bien élevées, & qui ont un poliment
doux, font aucunement femblables à la Perle, & l'on a
quelquefois de la peine lors qu'elles font en œuure de les
difcerner d'avec la Perle veritable, dautant qu'elles font
de la mefme couleur, & qu'elles font jointes affez fouvent enfemble en des ouvrages confiderables; mais on
peut remarquer qu'elles font fi rares à rencontrer parfaites, qu'à peine en trouvera-on huit ou dix entre

deux cens, la pluſpart eſtant plates ou raboteuſes, ou meſlées de rayes ſur la ſuperficie, qui fait que toutes celles de telle qualité ne ſont d'aucune conſideration, & ne s'employent qu'en ouvrages mecaniques.

LIVRE III.

CHAPITRE I.

DES AGATHES EN GENERAL.

TOVTES les Agathes, tant Orientales que Romaines & d'Allemagne, different beaucoup les unes des autres en espece, on les distingue ou par les lieux où elles se trouvent, ou par la difference de leurs couleurs, ou pour mieux dire enfin par la beauté de leurs graveures. Autrefois elles ont esté dans la plus haute estime, & elles tenoient rang entre les pierres les plus rares. Aussi parmy les Romains elles estoient si fort recherchées, que ce fut de cette pierre que furent grauez les plus beaux portraits de Iules Cesar & de sa femme. Cette recherche s'est tellement continuée de temps à autre, que particulierement à Rome il s'en conserve encore une quantité tresgrande entre les choses les plus precieuses. Mais je puis dire que comme il y en avoit de plusieurs sortes, & qu'elles estoient differentes en couleur, les Anciens pour les distinguer leurs donnoient divers noms la pluspart inconnus parmy nous. *

Ie pourrois parler en general & en particulier des Agathes qui ont esté autrefois, & qui sont encore de present dans la Perse, dans les Indes, mesme dans la pluspart des contrées de l'Europe, particulierement dans la France. Mais y ayant beaucoup de relations qui en parlent, & veu

Que l'Agathe a esté choisie pour une des douze pierres precieuses qui fut mise sur le rational d'Aaron.

* Qu'il y a eu divers noms d'Agathes chez les Anciens, à cause de la diversité des couleurs, sçavoir les Phassachates, Sardachates, Hæmachates, Damachates, les Leuchachates & Dendrachates.

que ce recit ne donneroit pas beaucoup de lumieres de leurs qualitez , & ne feroit qu'ennuyeux à ceux qui n'en ont pas toute la connoiffance , je me contenteray d'expliquer quels font les differences chacune en fon efpece, ainfi que vous verrez par la fuite.

CHAPITRE II.

DES AGATHES SERDOINES, SERDONIX, Onix , & Onix Serdonix.

DE LA SERDOINE.

Des qualitez de l'Agathe Serdoine , & des lieux d'où elle fe tire.

LA plufpart des Agathes Serdoines font de trois couleurs differentes , les unes entierement Serdoines, c'eft à dire de couleur rouge , les autres en partie meflées de rougeur de fang, qui font à demy tranfparentes & à demy opaques , & les dernieres font d'un rouge tirant fur le jaune. Les plus belles de ces trois fortes de pierres qui font les premieres, fe font trouvées en Babylone , les fecondes dans la Serdagne , & les dernieres qui font les plus communes dans l'Albanie & dans l'Egypte.

On peut dire qu'il s'en trouve encore dans les Indes & dans l'Arabie ; & mefme quelques - unes dans l'Europe qui ont quelque chofe d'affez extrordinaire en beauté, mais elles n'approchent nullement de ces premieres.

De l'Agathe Serdonix & de fes qualitez.

Les SERDONIX font plus precieufes, dautant qu'elles font compofées de la Serdoine & de l'Onix ; Elles naiffent au pied de certaines Roches, où fe rencontre des pierres affez precieufes ; & neanmoins ces fortes d'Agathes tirent leur nom comme j'ay dit de la Serdoine & de l'Onix, comme des principales & de celles dont elles empruntent tout ce qu'elles ont de beau. Leur couleur la plus ordinaire, eft fanguine & diftinguée de cercles ou zones, tellement agreables, qu'elles femblent y avoir efté peintes par

artifice, eſtant meſme quelquefois meſlées d'une blancheur ſurprenante.

L'Hiſtoire remarque que c'eſtoit cette pierre dont
Policrate faiſoit tant d'eſtat, & qu'il jetta dans la mer
pour éprouver s'il pourroit eſtre ſuſceptible de douleur,
en perdant ce qu'il eſtimoit le plus precieux. Auſſi cette
diverſité de couleurs eſt telle en cette pierre, qu'il s'y
apperçoit des cercles de couleur de pourpre ou blanc,
diverſifiées de pluſieurs couches les unes ſur les autres, qui
ſe ſuivent avec tant d'ordre, qu'il n'y a pour l'ordinaire
ny confuſion ny meſlange, ce qui a fait dire à un Ancien
que cette pierre eſtoit une merveille, veu qu'il s'y voyoit
tant de changement en un ſeul ſujet.

Les Agathes Onix eſtoient anciennement appellées
Onikel, elles ſont toutes Opaques, n'ayant rien en elles
de tranſparant, & ſont compoſées de couleurs blanchâtre & noire, tellement diſtinctes l'une de l'autre, qu'on
croiroit qu'elles y auroient eſté appliquées par l'art &
par l'induſtrie humaine, & elles ſe rencontrent d'ordinaire
de deux couleurs fort differentes.

On remarque qu'il y a en la grande Egliſe de S. Pierre à Rome ſix petites colomnes d'Agathes Onix, pour marque de ſon eſtime.

Celles de l'Arabie ſe trouvent noires, avec des zones
blanches, meſlées de couleur de gris de lin, tirante ſur le
noirâtre, en ſorte qu'ayant uſé le deſſus d'une zone ou
couche, il s'y trouve d'ordinaire une autre couleur, ce qui
luy fait donner le nom de *Memphites* ou de *Camehuia*,
comme qui diroit une ſeconde pierre precieuſe, & lorſqu'il n'y a point de zones ou lignes blanches en ces ſortes
de pierres, & qu'elles ſont entierement noires ou griſâtres,
on tient qu'elles ne peuvent eſtre appellées du nom
d'Onix.

Les autres Agathes, auſquelles l'on donne le nom
d'Onix Serdonix, ſont celles où ſe rencontrent trois
couleurs differentes, & neanmoins unies enſemble; &
pour en parler plus proprement, ce ſont trois pierres en
une ſeule.

Qu'une des plus grandes Onix Serdonix ſe voit en la grande Egliſe de Cologne, en la Chappelle des 3. Rois.

Parmy les Anciens, les Agathes Onix Serdonix ſe ſont
trouvées fort recommandables, parce qu'ils ne pou-

voient pas comprendre comment une chofe pouvoit a-
voir en foy trois natures de pierres differentes : ce qui
fit naiftre l'envie de faire tirer des mines tout ce qui s'en
pût rencontrer, & pour les rendre d'autant plus rares, la
plus commune opinion eft que l'on ruina les lieux où elles
fe trouvoient, ou du moins qu'ils furent rendus tellement
inacceffibles, que depuis plufieurs fiecles il ne s'en eft
point tiré des mines en quelque part que l'on ait pû chercher, foit dans l'Orient, foit dans les autres parties de la
terre, ce qui caufe que le peu qu'il s'en trouve à prefent
de grandes & parfaites n'ont point de prix que ce qu'on
leur en veut donner.

Pour bien faire entendre qu'elles font les perfections
de ces fortes de pierres, il faut obferver que les Agathes
Onix Serdonix ont en elles toutes les qualitez de la Serdoine, celles de la Serdonix, & celles de l'Onix, & qu'elles
ne font pas feulement admirables par leurs trois couleurs
divifées en cercles & zones parfaitement compaffées,
mais encore en ce qu'elles portent les peintures neceffaires pour achever les carnations, & donner la reffem-
blance à la figure ou au portrait que l'on en veut faire,
avec l'adreffe neanmoins & la conduite du Graveur, qui
fçait prendre fes mefures fuivant les époifleurs des couches ou licts, & felon la difpofition des pierres, tellement
que la couche du milieu renferme en foy la carnation du
vifage, celle de deffus qui eft Serdoine ou couleur de pourpre donne la couleur aux cheveux & aux veftemens, &
le deffous de cette pierre eftant encore d'une autre couleur de Serdoine, détache ainfi l'une & l'autre de ces deux
couleurs, & acheve un ouvrage merveilleufement ac-
comply, lorfque la fcience de ce Lapidaire Graveur,
(ainfi que je l'ay dit) répond au merite & à la difpofition
de la matiere.

Si l'on en veut croire l'Hiftoire Romaine , Scipion
l'Affriquain aimoit particulierement l'Agathe Onix Serdonix, & ce fut luy qui la rendit fi celebre, que les Vafes
Myrrhins dont les Anciens ont fait tant d'eftime , furent

faits

faits dit-on de cette pierre precieuse: & dans la suite de la
mesme Histoire, il est rapporté que Mythridates Roy de
Pont, avoit en son cabinet quatre mil Tasses d'Onix;
mais sans entreprendre de censurer ces relations, je puis
dire que ces Autheurs n'ont pas eu toute la connoissance
de l'Agathe Onix ou Serdonix, & qu'ils ont voulu parler de l'Agathe Serdoine, qui est fort éloignée de la
qualité des autres.

Ce que l'on raconte de Pirrus Roy d'Albanie, qu'il en
portoit une au doigt où estoient empreintes les neuf Mu-
ses, avec Apollon qui tenoit sa lyre, & ou tout estoit re-
presenté dans le relief selon les traits de chaque chose
dans son espece, a bien plus de vray-semblance, dautant
que cette pierre estoit fort petite, & ainsi facile à rencontrer. Quoy qu'il en soit, l'on peut donner à l'Onix
Serdonix la qualité d'admirable en toutes sesparties; aussi
ce n'a pas esté sans raison si l'antiquité y a pris tant de
plaisir comme au plus bel ouvrage de la nature.

CHAPITRE III.

DE L'AGATHE CHALCEDOINE,
de l'Agathe Romaine & de celle d'Allemagne.

L'AGATHE appellée CHALCEDOINE, est une pierre
qui estoit tenuë en une haute estime parmy les Anciens. Elle est à demy Opaque & à demy transparante,
& le plus souvent d'une couleur de rose, remplie de certains nuages qui s'épandent par toutes ses parties. Il y en
a d'autres qui sont entierement blanches, mais bien plus
rares à rencontrer.

Pour parler particulierement de cette pierre, & faire la
distinction des Agathes appellées Chalcedoines d'avec les
autres, il faut observer qu'il s'en rencontre de deux sortes,
les unes qui se tirent de certaines contrées de l'Egypte,

De la quali-
té de l'Aga-
the Chalce-
doine.

Qu'il y a de deux sortes d'Agathe Chalcedoine.

lefquelles font les plus dures & les plus agreables, à cauſe d'une couleur de rouge de lacque, meſlee en quelque façon de bleu & de blanc, & les autres qui ſe tirent d'Allemagne, qui ont auſſi une couleur rouge, mais mélée de terre, ce qui les rend auſſi bien moins conſiderables.

De l'eſtime qui ſe faiſoit à Rome de la Chalcedoine.

On obſerve que la Chalcedoine eſttant dans ſa perfection, a ſes couleurs ſemblables à l'Iris, & que celles qui ſe trouverent d'abord en cette ſorte eſtoient beaucoup recherchées des Anciens, qui les tailloient & en faiſoient ces Vaſes Mirrhins, deſquels on a tant parlé par my les Romains, & meſme on ajoûte qu'on en faiſoit telle eſtime à Rome, que lors du Triomphe de Pompée, où il fut arreſté de faire quelques preſens au Temple du Capitole pour une plus grande reconnoiſſance des Victoires de ce Conquerant, il fut choiſi ſix grandes Couppes de Chalcedoine, pour eſtre conſacrées à Iupiter, & de-

Des Vaſes de Chalcedoine que Neron avoit dans ſon cabinet.

puis ce temps un chacun voulut en avoir, & elles furent venduës un prix ſi exceſſif, qu'il fut payé plus de trois cens Seſterces pour une ſeule. Et il ſe trouva apres la mort du meſme Pompée une quantité extraordinaire de ces Agathes Chalcedoines, leſquels donnerent tant d'envie à Neron lors de ſon gouvernement, qu'il les oſta à ſes enfans : & cette quantité eſtoit ſi grande, qu'un jour de Triomphe il y en avoit à Rome un theatre remply, ce qui cauſa que Titus Petronius Conſul, eſtant à l'article de la mort, & ayant beaucoup de ces Vaſes, de crainte qu'il eut que ſon ſucceſſeur, à l'imitation de Neron ne voulut s'emparer de ce qu'il en avoit en ſon cabinet, ſe fit apporter un des plus beaux, duquel il avoit payé trois cens cinquante Seſterces, & le caſſa en pieces, pour témoignage d'une plus grande haine contre le meſme Neron.

Ie pourrois encore ajoûter pluſieurs autres choſes, qui ſervent à faire connoiſtre que l'Agathe Chalcedoine a eſté autrefois fort eſtimée des Anciens pour ſa beauté ; Mais comme il ne s'en rencontre plus qui ne ſoit terreſtre & fort deſagreable, cette roche premiere eſtant inconnuë, je n'ay point voulu en traitter plus avant, me ſuffiſant de dire que cette pierre Chalcedoine (du moins celle qui paroiſt à nos yeux) eſt à preſent la mieux eſtimée entre toutes les ſortes d'Agathes.

ENCORE que l'AGATHE ROMAINE n'ait pas été ſi fort eſtimée du temps des Anciens , neanmoins on peut dire qu'elle eſt admirable , d'autant qu'elle ſe rencontre aſſez ſouvent de pluſieurs couleurs , les unes avec les autres , ſans eſtre toutefois diſtinctement ſeparées comme ſont les couleurs des Agathes , Onix & Serdonix. Elles n'ont ny la couleur de Serdoine ny celle de l'Onix, & ne tiennent en rien de l'Orient, c'eſt pourquoy elles ſont appellées du nom d'Agathes Romaines.
Des qualitez de l'Agathe Romaine.

Ces ſortes de pierres ſont diverſifiées d'une infinité de couleurs differentes ; elles ont eu pluſieurs noms chez les Anciens, en partie à cauſe de leurs couleurs, en partie à cauſe de leur forme, & auſſi en partie à cauſe des autres pierres precieuſes , du mélange deſquelles il ſemble que l'Agathe ſoit formée.

Il s'en trouve fort peu de gravées, ſoit en creux , ſoit en relief, auſſi elles s'employent toutes plattes & unies pour l'ornement des cabinets & autres ouvrages.

Les Agathes d'ALLEMAGNE ont eſté ainſi appellées, en ce qu'elles ſe ſont trouvées en grande quantité dans le pays, comme auſſi dans le Dannemarc & dans la Pologne. Et l'on rapporte que ſous le gouvernement du Landgrave de Lichtemberg , il s'en eſt veu d'aucunes tellement parfaites, qu'elles pouvoient diſputer de la beauté avec les Orientales, & ſe vendre pour elles ; mais de cette qualité , elles ſont à preſent tres-rares.
De l'Agathe d'Allemagne qu'elle a eſté la quantité qui s'en eſt trouvée.

L'on obſerve auſſi que ces pierres ſont fort communes, je dis lors qu'elles ne ſont point dans une perfection entiere, & dit on encore qu'elles croiſſent ſous une ſi grande maſſe ou roche, que l'on en peut faire les plus grands vaſes. Elles ne ſe gravent ny en relief ny en creux, ſervant ſeulement à l'ornement des ouvrages, ainſi que l'Agathe Romaine.

G ij

Autrefois les Agathes en general estoient en grande
estime, & celle d'Allemagne & la Romaine aussi bien
que les Orientales ; mais à present l'on peut dire qu'à la
reserve de celle appellée Onix Serdonix, elles ont toutes
beaucoup perdu de leur dignité, pour estre fort communes & peu recherchées.

CHAPITRE IV.

DV IASPE, DE L'HELIOTROPE,
de la Nephritique & de la Serpentine.

Qu'il s'en
est rencontré
de diverses
couleurs de
Iaspe, & des
noms qui
leur ont esté
donnez.

PLINE en son Livre 37. chapitre 9. dit qu'il y a plusieurs sortes de Iaspes, & qui sont tous differentes les
uns des autres, les uns qui tirent sur la couleur de Presme
d'Esmeraude, appellées par les Grecs *Grammatias*, les
autres ayans plusieurs couleurs appellées *Polycrammos*, &
les derniers remplis de nuées ou jardinages appellez
Onychipunta.

Vn autre Autheur remarque que le Iaspe ne differe pas
beaucoup de l'Agathe, si ce n'est qu'il est bien plus mol,
& qu'il ne peut estre poly si nettement que l'Agathe, à
cause que sa matiere terrestre est plus impure & plus
crasse, & il ajoûte que comme il a diversité de couleurs,
il prend aussi divers noms, qui servent à en établir & re-
connoistre autant d'especes.

Que ce qui se
voit au Ias-
pe, tient de
la nature de
la pierre.

Qui voudroit parler à, fond de la nature & des pro-
prietez du Iaspe, seroit obligé d'en faire un volume. Il
semble qu'il surpasse toutes les autres pierres en perfection, en ce qu'on n'apporte point d'artifice pour les
tailler ny graver, n'usant pour l'ordinaire d'autre office
que de luy donner son poliment ; ce qui fait dire que la
Nature s'est pleuë à exprimer en quelques-unes de ces
pierres l'image de plusieurs choses, s'y rencontrant naturellement des bois, des fleuves, des arbres, des animaux,

des fruits, des fleurs, des herbes, & enfin tout ce qu'on
sçauroit s'imaginer. Il s'en voit d'autres morceaux, lesquels meslez de plusieurs couleurs, composent ensemble
un assemblage de païsages & figures, comme si elles y a-
voient esté peintes, en sorte que personne ne sçauroit
assez admirer l'artifice & le jeu de la nature, ou plûtost
l'admirable main du Createur, qui a tellement joint &
uny toutes les parties de cette pierre, que la liaison en est
imperceptible, & que les varietez des couleurs qui s'y
rencontrent semblent n'estre faites que pour y faire plus
à propos l'office de la peinture.

Entr'autres remarques sur le sujet de cette pierre, je
pourrois observer qu'il s'est veu autrefois une Table dans
le cabinet de l'Empereur Rodolphe, remplie de plusieurs
sortes de Iaspes de diverses couleurs, & si bien assemblées,
qu'ils representoient naturellement diverses figures des
villes, arbres, fleurs, montagnes & autres choses, avec
autant de justesse, que la peinture mesme auroit pû faire,
ce qui pourroit donner quelque doute ; mais comme il se
voit à present des tables & cabinets à de ces mesmes pierres, & qu'en la Chappelle de saint Laurent il y a de grands
ouvrages, & un assemblage surprenant de ces Iaspes, qui
font voir tout ce que la curiosité peut souhaitter. On
peut dire que ce n'est pas sans raison si cette pierre est tenuë pour une des plus precieuses je dis lors qu'elle est de
cette qualité.

Il y a d'autres Iaspes appellées Iaspes la Floride, qui se
trouvent és environs des Monts Pyrenées, lesquels sont
ordinairement meslées de plusieurs couleurs, & le mélange en est si agreable à la veuë, que dans les plus grands
ouvrages cette pierre est la premiere employée ; & aussi
il est à remarquer qu'il se voit bien moins de Iaspes gravées, soit en creux, soit en relief, que non pas d'Agathes ;
& ce qu'on lit dans l'Histoire, qu'il a esté autrefois veu
un Iaspe gravé de unze poulces de long d'une seule piece,
& où estoit empreinte l'effigie de l'Empereur Neron, est
plûtost une fiction qu'une verité.

Il y a encore d'autres sortes de Iaspes, qui sont d'une seule couleur ou rouge ou verte, mais leur valeur est fort differente de celle des autres, & ils ne s'employent d'ordinaire que dans les ouvrages les plus communs & les plus vils.

Des qualitez de l'Heliotrope. LA pierre appellée HELIOTROPE, est une pierre precieuse, qui tire son nom du Soleil, dautant qu'estant jettée dans un vase remply d'eau, elle rend diverses reverberations lumineuses, & principalement celles tirées de l'Ethiopie, sa couleur est verdâtre, & marquée de certaines tâches de sang, à peu prés en la façon du Iaspe, aussi est-elle appellée par d'aucuns Iaspe Oriental. Quelques-unes de ces pierres naissent dans les Indes, d'autres dans l'Ethiopie, en Chypre, dans l'Allemagne & dans la Boheme, & quelquefois elles se trouvent si grandes, qu'en la ville de Brugk, il y en a une derriere le grand Autel de la Cathedrale de S. Domitian, qui pourroit servir de Sepulchre.

Des qualitez de la Nephritique. LA pierre appellée NEPHRITIQVE a quelque rapport avec l'Heliotrope, attendu que c'est encore une espece de Iaspe; mais cette pierre se rencontrant en sa taille fort grasse & huileuse, & comme lors qu'on la veut polir, il s'y découvre d'ordinaire du blanc & du noir mélez ensemble (ce qui ne se remarque point en l'Heliotrope;) cette singularité sert à en établir la difference. La couleur la plus ordinaire de la Nephritique, est une couleur meslée de blanc, jaune, bleu, & noir; & dit-on que cette pierre se trouve vers la nouvelle Espagne, & mesme il s'en est rencontré en la Boheme, mais elle est si peu connüe, qu'il ne s'en voit presque plus à present.

Quant à la pierre apellée SERPENTINE, il s'en trouve de deux sortes, dont l'une qui est la plus en usage est d'une couleur verdâtre approchante de l'Heliotrope, mais

beaucoup plus tendre que l'Heliotrope mesme, & se rencontre d'ordinaire en fort grands morceaux, ce qui fait
qu'il s'en travaille toute sorte d'ouvrages, mesme jusques
à de la vaisselle, laquelle on tourne au tour comme des
vases de terre. L'autre sorte dont on fait plus de cas, est
plus dure que cette premiere, & a un plus beau poliment;
ce qui cause qu'on place cette pierre au nombre de celles
qui emportent quelque prix par-dessus les communes;
mais de cette derniere sorte elle est fort rare, & l'une &
l'autre de ces pierres se trouvent aux confins de la France,
& en Allemagne.

CHAPITRE V.

DV LAPIS ET DE LA PIERRE
appellée Armenienne.

L A pierre appellée LAPIS, estoit autrefois appellée *Lapis Azuli*, c'est à dire pierre d'azur, elle est entierement Opaque, ornée & marquetée de petits points
d'or; la plus commune opinion est qu'elle croît en Chypre, Barbarie & Egypte, & quelquefois parmy le sable
de la mer, dans les cavernes qu'elle a creusées. Il y a plusieurs natures de Lapis, & aucuns plus durs que les autres,
celuy qui est le plus chargé de couleur est le plus consi-
deré, aussi est il appellé le masle, & celuy qui a moins de
bleu, la femelle. Il se trouve assez rarement en grands
morceaux, qui ne soient meslées de couleur blanchâtre &
pleines de trous, ce qui fait qu'on en voit fort peu de Vases
d'une mesme pierre, mais pour des morceaux en ova-
les ou carrez, il s'en rencontre jusques à six ou sept poulces de haut.

Cette pierre de Lapis est beaucoup plus tendre que n'est
l'Agathe, & fort sujette à verdir; elle a au dedans une

eſpece de terre craſſe, qui luy fait perdre beaucoup de ſa beauté; auſſi elle ne ſe grave que fort rarement, ſoit en relief, ſoit en creux, & d'autant moins que de ſa nature elle eſt tres-difficile à polir. Sa taille, comme j'ay dit, eſt pour la plus ordinaire en ovale ou carrée, & ſert pour l'ornement des cabinets ou autres ouvrages. Et quant à celuy qui ne peut ſervir ny eſtre employé au travail, on le broye, & l'on en compoſe l'outre-mer, dont les Peintres font leurs principales couleurs.

Des differentes couleurs du Lapis, & quel en eſt l'uſage.

Il y en a de deux eſpeces, dont l'un eſt appellé fixe, c'eſt à dire qu'eſtant mis au feu, il ne change point ſa couleur, & l'autre non fixe, qui eſt friable & qui change de couleur; ce dernier par ſucceſſion de temps devient vert, reſtant fort terreſtre, & il n'y en a pas le quart qui puiſſe eſtre employé en ouvrages.

Des qualitez de la pierre Armenienne.

Quant à la pierre appellée ARMENIENNE, elle eſt en quelque façon ſemblable au Lapis, ſinon qu'elle eſt un peu plus tendre, & qu'elle n'a aucune veine d'or, elle eſt appellée des Allemans *Berglblau*, & en François vert d'azur, comme qui diroit une couleur bleuë, mélée avec la verte; la plus commune opinion eſt qu'elle croiſt en Allemagne, en la contrée du Tirol, comme auſſi en la Hongrie & en la Tranſſilvanie. On peut dire qu'elle eſt fort peu en uſage pour les ouvrages curieux, comme pour les cabinets ou autres choſes, & que le plus ordinairement elle eſt employée pour la Medecine.

CHAPITRE VI.

DV JADE, ET DE LA MALACHITE.

Des qualitez du Iade.

LE IADE, eſt une pierre verdâtre, qui tire ſur la couleur d'olive, il eſt bien plus dur que l'Agathe, & meſme que toute autre pierre de Iaſpe ou Lapis, & tellement
ment

ment en eſtime, nommément parmy les Turcs, & dans la Pologne qu'ils en ornent toutes ſortes d'ouvrages, & ſur tout les manches de leurs Coûtelas ou Sabres, leſquels ils font graver par roſes, & remplir les traits de la graveure d'or fin, & l'on dit meſme qu'ils en font encore des Vaſes d'une merveilleuſe grandeur.

Pour l'ordinaire le Iade ſe rencontre de deux ou trois couleurs de vert different, & il ſe remarque que cette pierre eſt extraordinairement dure, ce qui oblige d'employer beaucoup de temps & de peine pour la graver, ſoit en relief, ſoit en creux, auſſi en voit-on fort peu de gravées, & je pourrois ajoûter que le Iade ne s'employe que fort rarement parmy nous, & qu'il a eſté beaucoup plus en eſtime qu'il n'eſt pas à preſent.

LA pierre appellée MALACHITE, tient enſemble du Iaſpe & de la Turquoiſe, elle eſt tout à fait Opaque, & mélée dans ſa couleur de veines blanches, & lors que le bleu s'y rencontre ſans noirceur & ſans tache, elle eſt aſſez agreable; mais ces ſortes de defauts ſe trouvent ordinairement & preſque toûjours dans la Malachite qui luy oſte ſa principale beauté.

Il y a de quatre ſortes de Malachite. La premiere, eſt celle qui eſt mélangée de pluſieurs couleurs. La ſeconde, celle qui a des veines blanches, entre-mélées de taches noires. La troiſiéme, qui eſt de couleur bleuë mélée. Et la quatriéme de laquelle on fait le plus d'eſtime, eſt celle qui approche le plus de la Turquoiſe. Quoy qu'il en ſoit, les unes & les autres de ces pierres ſont fort communes, & on en fait peu d'eſtat.

CHAPITRE VII.

DE LA CORNALINE.

Que la pierre Cornaline se tire de plusieurs endroits des Indes.

LA pierre CORNALINE se trouve d'ordinaire de deux sortes de couleurs, sçavoir rouge & blanche, elle est tres-difficile à rencontrer en gros morceaux. C'est pourquoy rarement il s'est veu des Vases de Cornaline, nommément de la rouge ; & pour le peu qui s'en rencontre, les plus grands n'excedent pas trois poulces de hauteur.

Que la Cornaline est la pierre la plus recherchée pour les graveures.

Vne partie des belles graveures antiques & modernes ont esté travaillées sur cette pierre appellée Cornaline, & plus particulierement sur la rouge que sur celle qui est blanche. Ce qu'il y a encore de plus remarquable, est qu'elle souffre la violence du feu, & que l'on peut peindre dessus en émail, ainsi que l'on pourroit faire sur une placque d'or, & cette peinture estant portée au feu, prend tout le poliment & l'éclat qu'on peut souhaiter, sans perdre rien de sa couleur.

CHAPITRE VIII.

DE L'AVANTVRINE.

LA pierre appellée AVANTVRINE, du moins la plus estimée, est une espece de couleur jaunâtre, remplie de plusieurs poincts d'or, qui se répandent par toutes les parties de cette pierre, & qui luy donnent vn brillant admirable. Il y en a d'une autre sorte plus commune & plus tendre, laquelle est d'une couleur d'olive: Elles se trouvent l'une & l'autre en si grands morceaux, qu'il peut s'en faire de fort grands ouvrages. D'ordinaire elle ne se rencontre qu'en la Boheme & en la Silesie, & est assez recherchée des curieux, mais plûtost pour sa beauté que pour sa valeur.

LIVRE IV.

CHAPITRE I.

AVANT-PROPOS.

I le nom de Pierre precieuſe eſt pris en ſa ſignification étroite & limitée aux pierres rares & d'un prix conſiderable, j'avouë librement qu'il ne convient peut-eſtre pas à celles dont je parleray ſommairement au quatriéme Livre de ma ſeconde Partie; parce qu'elles ne ſont ny fort rares ny bien cheres : mais s'il peut eſtre appliqué (comme je pretens du moins en ſa ſignification eſtenduë & generale) à toutes les pierres leſquelles ont quelque beauté ou quelques qualitez ſingulieres qui les rendent recommandables, & que communement on employe, ſoit dans le corps, ſoit dans les ornements des beaux & riches ouvrages, on tombera d'accord avec moy que le Corail, l'Ambre, le Cryſtal, & le Bezoard, peuvent tenir rang entre les pierres precieuſes : Et d'autant plus que ſouvent, dans les Palais de nos Princes, & dans les cabinets des plus curieux, il s'en voit des pieces admirables, ou en grandeur, ou en forme, ou en couleur. Nous trouvons meſme en pluſieurs Hiſtoires des particularitez tres-remarquables de ces ſortes de pierres. Et on ſçait encore par des Relations tres-fidelles, qu'il y a des Nations

chez lesquelles ces mesmes pierres estant moins con-
nuës que parmy Nous, elles y sont tres-recherchées &
preferées à celles que nous estimons les plus precieuses,
tant il est vray, comme je l'ay dit cy-devant, que ce
n'est que la rareté qui donne le prix & la valeur à toutes
choses. I'ay donc creu que je pourrois avec quelque satis-
faction pour le Lecteur ajoûter ce petit Traité aux precedens: & j'ose esperer que quoy que le sujet en soit moins
noble que celuy des premiers, la connoissance toute-fois
n'en sera ny inutile ny desagreable.

<hr>

CHAPITRE I.

DV CORAIL.

Qu'il y a de plusieurs sortes de Corail.

LE CORAIL estoit nommé des Anciens *Coralium*,
& tenu pour une Pierre tres-rare : Il se trouve en la
mer comme un arbrisseau qui paroist vert sous l'eau, mais
qui estant tiré dehors s'endurcit. Il y en a de plusieurs
couleurs, sçavoir de rouge, de blanc, de noir, & de jaunâtre, dont le rouge & le blanc sont d'ordinaire les plus
recherchez. On pourroit mesme ajoûter que le blanc
estant solide & plein, c'est à dire, n'estant point verreux
ny gasté de troux, est encore plus estimé que le rouge,
mais aussi il est tres-difficile à rencontrer.

Qu'elle est l'opinion la plus commune de la naissance du Corail.

Pour expliquer la maniere en laquelle le Corail se forme, il faut observer que lorsque le suc petrifiant penetre
le corps du bois, il l'altere aussi & le convertit en sa nature, & partant change le bois en pierre: D'où il s'ensuit
que le Corail naturel n'est plus une plante, comme quelques-uns estiment, ny un bois qui soit mol dans l'eau, &
qui ne se congele que lors qu'il en est tiré : Dautant qu'il
s'est veu telle branche de Corail avoir diverses couleurs,
& dont quelques extremitez paroissoient visiblement

n'eſtre que de bois, les autres eſtant changées en Corail blanc & rouge. Et ſi le raiſonnement de ceux qui ont voulu dire que c'eſtoit une plante qui ne ſe congeloit que lors qu'elle eſtoit tirée hors de l'eau avoit lieu, il ne ſe trouveroit point de branches de Corail en partie bois & en partie pierre. Car cette plante ſe petrifiroit toûjours hors la mer: ce qui fait voir que le Corail ſe forme peu à peu par la vertu de l'eau petrifiante. Et pour en bien parler, il faut dire que le ſuc penetre le corps du bois, & comme dit eſt, en change la ſubſtance par ſon acrimonie ou autre qualité, faiſant ſucceder à la forme de ce bois celle de pierre apellée Corail.

On peut demander ſi le Corail croiſt de ce ſuc de pierre, ou ſi eſtant creu à la façon des autres Plantes, il eſt enfin alteré par le meſme ſuc. A quoy il faut répondre que cette plante, comme auſſi la mouſſe & autres herbes qui naiſſent dans la mer, ne croiſſent pas ſans ſuc petrifiant; & neanmoins qu'elles ne prennent point la forme de pierre que premierement ces plantes ou mouſſes ne meurent. Or comme elles ne peuvent mourir que par un mouvement ordinaire de la nature, ou bien à cauſe du ſuc qui agit ſur elles & qui les change & les altere, on peut conclure auſſi que ſi le Corail ſe petrifie, & que les autres plantes ne ſe petrifient pas; cela arrive tant à cauſe de la particuliere diſpoſition du Corail, que par ce que le ſuc petrifiant ſe trouve dans ſa ſubſtance, & fait prendre enfin à la plante la nature de pierre, ce qui ne ſe trouve pas ſi abondamment dans les autres plantes.

Quant à la couleur du Corail, il eſt tres-difficile d'en rendre raiſon, dautant que cette recherche ſurpaſſe en quelque façon l'eſprit humain, & ne doit point eſtre rapportée aux premieres ny ſecondes qualitez, comme quelques perſonnes le croyent, parce que cette couleur ne provient ny des qualitez ny de la nature particuliere du Corail, mais qu'elle provient apparamment ou de l'air ou de quelques autres cauſes étrangeres.

Ce que l'on peut remarquer avec plus de certitude, eſt

que le Corail prend toute fa croiſſance avant que de rou-
gir ; c'eſt à dire avant que d'eſtre meur, & qu'autant de
plantes qui ſe voyent non entierement changées en pierres, ſont toutes vertes, ou blanches, qui prennent ordinairement leur couleur en la façon d'un fruict dont la
couleur rouge ſurvient la derniere, ce qui fait connoiſtre
que le Corail doit eſtre alors dans ſa maturité.

Lors qu'on tire le Corail de la mer, il y a pluſieurs choſes qui y adherent exterieurement, mais auſſi-toſt qu'il
eſt déchargé du terreſtre qui ſe forme ſur le deſſus, ſa
couleur naturelle & naïfve ſe découvre, ce qui fait qu'on
a eſtably pluſieurs differences au Corail, non ſeulement à
raiſon de cette couleur, mais encore à raiſon de ſa matiere, dautant qu'il y a du Corail mol, d'autre dur, & d'autre
pierreux ; d'où vient qu'il faut qu'il ſoit poly pour en connoiſtre les défauts.

Pourquoy le Corail, lors qu'il eſt tiré de la mer eſt terreſtre, & ne ſe peut cõnoiſtre qu'il ne ſoit poli.

Les lieux les plus ordinaires ou croiſt le Corail, ſont les
mers de France, qui eſt le pays où il ſe travaille le mieux,
& nommément à Marſeille. Autrefois on faiſoit eſtime
de certain Corail appellé des Eſpagnols *Polo*, trouvé dans
la Catalogne, & qui ſe rencontroit aſſez ſouvent ſur les
rivages de la mer. On dit meſme qu'il eſtoit à la diſcretion
des habitans du pays de le recüeillir & le vendre ; mais
ſoit que cette ſorte de Corail ne ſoit plus recherchée,
ou qu'il y ait trop de peine à la trouver, on n'en parle
plus à preſent.

Des lieux d'où ſe tire le Corail.

Il eſt a remarquer que le Corail ne ſe produit en aucune autre forme que par branches, leſquelles s'arrachent
du fond de la mer, avec des crochets en forme d'ancres.
On le couppe avec des fermoirs fort tranchans, & puis on
le ſcie pour le mettre en grains ou autres petits ouvrages;
c'eſt à dire ſelon que la groſſeur le peut permettre, n'ayant
pas le Corail ſa nature égale à l'Agathe ou Iaſpe, ou Lapis, qui ſont des pierres qui ſe trouvent en fort gros morceaux, & deſquels on fait des vaſes ou autres grands ouvrages, dautant que toute la groſſeur du Corail ne conſiſte qu'au tronc de la branche, de laquelle on ne peut

De la peſche du Corail.

Que le Corail ne ſe trouve pas en ſi gros mor-ceaux que les autres pier-res.

tirer de fortes pieces pour en faire quelque chofe de grand, du moins qu'on puiffe dire eftre d'un mefme morceau. Et quoy que le Corail ne fe trouve qu'en petites parties, les Indiens de tout temps en ont neanmoins fait tant de cas, qu'autant comme nous aimons leurs diamants & leurs Perles, autant faifoient-ils d'eftime du Corail.

CHAPITRE II.

DV CHRYSTAL.

LE Cryftal eft une pierre fort connuë, il eft diaphane & trafparent, reffemblant à l'eau glacée, dont il tire fon nom, & fe trouve en divers lieux, & principalement dans l'Europe, vers les montagnes des Alpes, & dans la Germanie, Bohéme, Hongrie, Chypre & Portugal. Il eft fort fujet à avoir des pailles & des nüées, & pour diftinguer celuy qui eft le plus parfait on l'appelle Cryftal de Montagne.

Pline prouve par les recherches qu'il dit avoir faites, que tout Cryftal fe congele, & qu'il ne s'en trouve qu'où il y a des neiges ; Qu'il n'eft en foy qu'une glace, au fujet de quoy les Grecs luy donnent le nom de *Cryftallon*. D'autres au contraire foûtiennent que le Cryftal eft proprement une pierre qui s'engendre dans les entrailles de la Terre, ainfi que le Diamant, mais en des lieux fort froids, ce qui caufe qu'il n'a pas de dureté. Que s'il s'engendroit dans des neiges, il s'enfuivroit quoy qu'il fut congelé dans les montagnes, que par la chaleur il fe fondroit au Soleil, ou bien qu'il faudroit que cette matiere de Cryftal ne peuft fe trouver ordinairement proche des mines, comme elle s'y trouve mefme dans l'Efpagne, la Chypre, la Caramanie, & dans les Ifles de la Mer rouge ; Enfin l'Europe & l'Afie en fourniffent la meilleure part,

& dans la Scythie l'on y rencontre le plus net & le plus
vif, il croiſt meſme ſur des pointes de montagnes au deſſus des Rochers ; & partant l'on peut dire qu'il ſe congele d'une pure humeur & s'endurcit en pierre au fond
de la terre , & par une longue ſuitte d'années il ſe trouve à découvert par l'impetuoſité des pluyes, leſquelles
dans leur cheute du ſommet de ces rochers, arrachent
& attirent en bas toute la terre juſques au Roc.

Comme cette pierre ſe trouve en aſſez grande abondance, on l'employe en toute maniere , & fort agrea-
blement , à cauſe qu'elle fait une reverberation merveilleuſe. Ce qui ſe trouve de plus grand , ſe travaille en
vaſes, qui ſe forment ſelon la grandeur de la pierre ,
& eſt à remarquer qu'un morceau du poids de quatre-
vingts ou cent livres avant que l'on ait oſté ce qui s'en
trouve de noir , eſt reduit quelquefois à moins de dix ou
douze livres, & aſſez ſouvent l'on caſſera le morceau juſques au cœur, ſans qu'il ſe trouve rien de net. De verité
en quelque rencontre il s'en eſt trouvé de tout a fait
grands morceaux , ce qui a donné lieu d'en faire de grands
ouvrages , tels que celuy que Livie mere d'Auguſte offrit au Capitolle , du poids de cinquante livres , qui eſtoit
en toute perfection : Et celuy dont Xenocrates dit avoir
veu un vaſe aux Indes tenant quatre ſeptiers. Comme encore celuy que Neron achepta d'une Dame Romaine ,
duquel il donna cent cinquante mille ſeſterces, lequel
paſſoit pour une merveille : cependant à la nouvelle d'une
bataille qu'il avoit perduë, il le caſſa en pieces, de peur
qu'il ne tombaſt entre les mains de ſes ennemis.

Combien qu'il s'en trouve des morceaux mal nets, l'on
ne laiſſe pas de les employer , & eſt bon de connoiſtre
qu'où les ſaletez ſe rencontrent on a de couſtume d'y
graver quelques figures ou fleurs, pour en oſter la difformité. Quant aux morceaux de moyenne force , qui ſont
nets dans toute la perfection , il s'en fait des glaces , leſquelles eſtans polies donnent une reverberation toute autre que celles de Veniſe, qui ne ſont que d'une matiere

compoſée ,

Quel'employ du Chryſtal ſe fait ordi-nairement ſelon que les morceaux ſe rencontrent.

Des plus grands vaiſ-ſeaux de Cry-ſtal du temps des Romains, & que le plus grand qui ſe ſoit veu fut caſſé de dé-pit par Nerõ.

Que le Cry-ſtal mal net ne laiſſe pas de s'éployer en pluſieurs ouvrages.

compofée: & quant aux petits morceaux, il s'en fait des boules, pendans d'oreilles, ou grains, qui fervent d'ordinaire aux luftres & autres ouvrages de toute maniere; & cette forte de menu Cryftal fe trouve d'ordinaire dans les confins de la France, vers la Suiffe, & dans l'Allemagne.

Des lieux d'où fe tire le Cryftal.

CHAPITRE III.

DE L'AMBRE.

L'AMBRE eft appellée par les Arabes *Ambra*; par les Perfes *Carabe*, par les Egyptiens *Sacal*; par les Grecs *Gleffum*, & la plufpart de ceux qui en ont écrit, affurent que l'Ambre eft une efpece de Bitume; quelques autres que c'eft la larme d'un arbre ou un fuc qui coule de la terre, condenfé par la froideur ou falure de la mer, & d'autres que c'eft la graiffe & la femence des Baleines; & comme il s'y trouve au dedans des araignées, des mouches ou autres infectes, ou particules d'arbres, plufieurs concluënt que l'Ambre eftoit autrefois un fuc, lequel émanoit ou des arbres ou de la terre, qui ont enfevelis tous ces petits infectes qui s'y font noyez. Mais pour en parler avec plus d'ordre, on peut établir trois efpeces principales en l'Ambre; fçavoir le mineral, l'animal, & le vegetable; le mineral eft celuy qui eft creu d'un fuc ou huile bitumineux, & de la plus pure portion d'iceluy; l'animal eft celuy qui s'eft endurcy de la graiffe de plufieurs animaux; & le vegetable, celuy qui s'eft figé des l'armes des arbres qui porte la refine. Or de ces fortes d'Ambres, il y a des differences innombrables, parce que les fucs bitumineux font forts differens fur la terre; comme auffi les huiles & les graiffes des animaux & des poiffons, lefquels eftans endurcis par la falure de la mer peuuent eftre formez en diverfes efpeces d'Ambre, ou du

Differentes opinions des qualitez de l'Ambre.

Qu'il y a trois efpeces principales en l'Ambre.

moins femblables à l'Ambre. Mais je m'arrefteray feulement aux quatre principales couleurs qui fervent a efta-
blir les differences de l'Ambre, dont la premiere eft le
blanc, qui eft le plus precieux & le plus rare, pour avoir
une tres fuave odeur; la deuxiéme, eft le jaune, qui eft
pour l'ordinaire prefque tout diaphane & tranfparant, &
dans lequel on apperçoit ces petits infectes ou petites femences d'herbes & d'arbres dont ie viens de parler; la
troifiéme, eft celuy qui eft diverfifié de plufieurs couleurs,
& eft en partie diaphane, & en partie opacque; la quatriéme eft celuy qui eft entierement opacque, & deftitué
de toute couleur agreable.

　　Toutes les efpeces d'Ambre fe pefchent dans l'Ocean,
ou dans la mer Boruffique, il eft porté fur le rivage, lors
que le vent fouffle avec le plus de force, dans lequel
temps les hommes deftinez pour le pefcher entrent nuds
dans la mer mefme au plus fort de la tempefte, & avec
des rets attachez à des perches, ils amaffent l'Ambre; &
dans ce pays, parce que l'Ambre y eft tres-frequent, l'on
ne donne à ces hommes autre chofe pour falaire de leur
travail qu'autant pefant de fel qu'ils ont pû tirer d'Ambre.

　　Quelques-uns croyent qu'en aucuns lieux de la mer,
le temps eftant ferain, il fe voit au fond decertains bitu-
mes, autour defquels les poiffons fe lancent, & qu'en ces
endroits font les fources d'Ambre; Qu'il s'en trouve auffi
dans la mer Baltique, à l'embouchure du fleuve fpré.
Qu'on en receüille auffi dans le lac falé, & en un autre
lac fort éloigné de la mer, diftant de Raftenbourg, d'en-

viron trois milles, & que le plus qu'il s'en rencontre eft
vers les rivages de la mer du Sud. I'eftime quant à moy
qu'il n'y a point de certitudes à toutes ces relations, à
caufe de la diverfité de tant d'opinions, où je vois tous
ceux qui en ont écrit. Theophrafte dit que c'eft en Ethiopie, Xenocrate dans la Numidie; Affubaras, le long de
la mer Atlantique; Nifias dans l'Egypte; les uns que c'eft
dans la mer ou fur fes bords que l'on pefche l'Ambre &

les autres qu'il se trouve en divers lieux sur la terre.

Tacite pour en donner un éclaircissement plus apparant que celuy de ces Autheurs, dit que l'Ambre est fort long-temps demeuré parmy les excremens & ordures de la mer, sans que l'on n'en tint compte, jusques à ce que le luxe & & la sumptuosité l'ayent mis en estime : Que quant aux peuples de ces premiers temps ils ne s'en servoient point, & que ce qu'ils en receüilloient, ils le vendoient tout brut & s'étonnoient en le vendant du grand prix qu'ils en recevoient.

Cét Autheur ajoûte que l'Ambre doit provenir de quelque suc d'arbre, puisqu'il s'y voit des animaux terrestres, & qu'ainsi qu'aux lieux les plus cachez, il se trouve des bois & forests fertilles qui suënt l'Encens & le Baume, aussi aux Isles & terres d'Orient, il y a des arbres qui produisent des gommes, lesquelles tirées & fonduës par la force des rayons du Soleil, produisent l'Ambre. Mais pour conclure, ie puis dire, que l'Ambre n'est autre chose qu'un suc gras de terre, ou huille bitumineux, qui a autrefois coulé, & qui a esté endurcy, lequel se condense par la salure de la mer, ou bien que cette graisse se resout en esprits, & est sublimée par la chaleur soûterraine, ou bien qu'elle se fige dans la terre, par les esprits nitreux ; encore que Pline ait voulu nous dire qu'il croist en de certains arbres qui ressemblent aux pins, comme la gomme croist aux ceriziers, & qu'ils sont si gras & si pleins d'humeurs, qu'ils rendent cette liqueur, laquelle apres se congele au froid.

Il y a de l'Ambre de plusieurs especes, nommément de jaune de citron, & de jaune doré. Autrefois celuy de couleur d'or estoit le plus en estime, & maintenant celuy de couleur de citron est celuy que l'on recherche. Il s'en fait un tres-grand trafic en Autriche, en Allemagne, & en Pologne ; mais le plus grand debit s'en fait vers les Isles maritimes de la mer de Venise, & les Venitiens ont esté les premiers qui l'ont mis en vogue. En effet, le grand trafic qu'ils en font cause que tous les habitans du pays, mesme

les Payſannes de la Lombardie, & celles du long de la rive
du Pô, ſe parent de coliers d'Ambre, ayant cette opinion
que l'Ambre ſert contre les maladies de la gorge, auſquelles ils ſont fort ſujets, à cauſe des mauvaiſes eaux du
pays.

Quelques autres Hiſtoriens rapportent que l'Empereur Neron en fit apporter une ſi grande quantité à Rome, qu'on s'en ſervit un jour en tous les ornemens d'un
jeu de Tournois : & que les Romains l'eurent pendant
pluſieurs ſiecles en une ſinguliere recommandation.
Preſentement il n'y a plus que les Turcs qui l'ayent en
uſage, le peu qui s'en travaille en France, n'eſtant que
pour des bracelets, Chapelets, & coliers ; & pour les plus
grandes pieces, comme vaſes, & cabinets, ils ſe travaillent
en la Pologne, & en la haute Hongrie.

CHAPITRE IV.

DV BEZOARD.

Des lieux ou
ſe tire la pier-
re de Bezoard
Orientale.

IL y a deux eſpeces de Bezoard, dont la premiere eſt le
Bezoard Oriental, qui s'apporte de l'Egypte, des Indes,
de la Chine, & de la Perſe, nommément de la ville appellée Stabonon, qui n'eſt qu'à trois journées de chemin
de la ville de Lara, la plus celebre du pays de Perſe pour
les Foires, & l'Occidental qui ſe trouve dans la Mer rouge,
& au Perou.

Differentes
opinions, qui
ſont les ani-
maux qui
produiſent le
Bezoard.

Quelques-uns veulent que ces pierres ſoient produites
par divers animaux, & les premiers qui ont eu cette connoiſſance, ont eſté les Medecins Arabes, qui ont veſcu il
y a cinq ou ſix cens ans, & qui ont écrit que ces pierres ſe
trouvoient dans les corps des Chevreils ou en ceux des
Boucs. Accoſta qui en parle plus certainement que ces
premiers, dit que cette pierre s'engendre dans l'eſtomach
d'un animal de la grandeur & groſſeur d'un belier, qui
eſt de couleur rouſſe, & de forme approchante de celle
d'un cerf, lequel animal les Perſans appellent Pazan.

Vn autre Auteur rapporte que cét animal eft fem-
blable à une chévre, qu'il a la grandeur & la viftefle du
cerf, & que fon poil eft fort court, ce qui peut faire croire que c'eft une efpece de chévre fauvage. Et comme fon
bois eft en quelque façon égal à celuy du cerf; c'eft à dire
que comme il a fes cornes brunes, tirantes fur le noir, &
prefque droites, contournées & remplies de nœuds, on
peut nommer ce mefme animal du nom de chévre-cerf,
plûtoft que de luy en donner un autre. Mais pour ce qui
eft de l'animal qui porte le Befoard Occidental, ou, pour
mieux dire, celuy qui ce trouve au Perou, il a une forme
tout à fait diffemblable, car il ne porte point de bois comme les premiers.

Que l'animal qui produit le Bezoard, fe peut appeller Chévre-cerf.

Que le Bezoard Occidentale eft produit par un animal tout diffemblable à celuy des Indes Orientales.

Monardes en fon Hiftoire, dit que celuy qui fe trouve
au Perou, s'engendre en une efpece de Bouc, & remarque qu'encore qu'il y ait quantité de montagnes où ces
animaux fe trouvent, ils font neanmoins tellement
prompts à courir, qu'il n'y a que la balle du canon qui les
puiffe atteindre; ce qui fait qu'on a efté fort long-temps
fans fçavoir en quelle partie du corps de cét animal s'engendroient ces pierres : mais depuis qu'on a eu moyen
de les avoir, & qu'on en a fait la diffection, on a trouvé
qu'elles s'engendre dans un certain receptacle ou bourfe
fait en forme de bande, jufqu'à ce que par la rumination
elles paffent dans l'eftomach, où elles fe trouvent ar-
rangées & difpofées en forte que la premiere eft plus
groffe que la feconde, la feconde plus que la troifiéme,
& ainfi elles vont toûjours en diminüant.

De la viteffe de la Chevre Cerf.

Du lieu où fe trouve le Bezoard dans le corps de l'animal, & quelles font les formes des pierres.

Quoy que la recherche de la formation de cette pierre
dans le corps de cét animal, foit une chofe qui femble
n'eftre pas du premier deffein, & mefme du fujet de mon
traitté, neanmoins la curiofité m'a obligé de m'en in-
ftruire, & me fait dire que, felon les lieux où ces animaux paiffent, ils augmentent en eux ou diminuënt les
forces & la vertu de la pierre ; ce qui fait que les Indiens
ne prifent point les pierres de ces animaux qui paiffent
dans les plaines, & prifent beaucoup les pierres de ceux

Du fentiment des Indiens, touchant la qualité du Bezoard.

qui paiſſent dans les montagnes, en ce qu'ils ſont nourris
d'herbes odorantes & fort ſalutaires.

Ceux qui ont traité du merite de cette pierre, diſent
qu'elle s'engendre dans la bourſe de l'animal, d'un ſuc
herbeux & terreſtre, ſeparé des parties plus deliées &
ſubtiles, auquel ſuc lors qu'une portion du ſuc terreſtre
de l'animal ſurvient peu à peu, l'humide eſtant exprimé,
la portion reſtante, & qui eſt la plus terreſtre, s'endurcit
& ſe fige, à laquelle portion ſi un ſuc ſemblable ne ſurvient
pas auſſi-toſt, elle devient gliſſante & liſſe, & ſe reveſtant
de la forme de pierre, elle prend alors une peau & une ſuperficie polie, puis uniſſant aprés tout autour de cette
pierre une nouuelle matiere homogenée, les coctions naturelles eſtant achevées, cette meſme pierre ſe trouve
envelopée d'une nouvelle crouſte, à proportion de la
quantité & de l'affluence de la matiere, laquelle eſtant
ſeichée & endurcie eſt encore auſſi-toſt couverte d'une
autre crouſte, & la nature continuë de faire ſes opera-
tions juſques à ce que la pierre ſoit venuë à une juſte groſſeur, ou que la matiere qui ſert pour former la pierre ne
puiſſe plus eſtre ſubſtituée. Car quelques fois, diſent ces
Auteurs, cette pierre croiſt juſqu'à la groſſeur d'un œuf
d'oye; quoy que dans ſa naiſſance elle ait eſté fort petite:
ce qui donne une telle incommodité à ces animaux, & les
fait tellement ſouffrir qu'ils en meurent: & autant que
la pierre dans la veſſie & les reins cauſe de ſouffrance & de
douleur à l'homme, autant les pierres de Bezoard dans
l'eſtomach de ces animaux leur ſont fâcheuſes & mortel-
les; encore bien que cette augmentation de groſſeur ſe
forme peu à peu par ces crouſtes ou peaux, comme j'ay
fait voir que les Perles prenoient leur accroiſſement &
leur forme dans les coquilles ou concques de la mer.

Les Rois de Perſe ont fait une telle eſtime de ces pierres de Bezoard, qu'il ſe remarque dans l'Hiſtoire que le
grand Xaabas, le dernier mort des Empereurs Perſans en
l'an 1628. fit poſer des Gardes à Stabaron, pour ſe rendre maiſtre de toutes les pierres de Bezoard, qui exce-

doient une certaine groſſeur : ce qui eſt confirmé par Pierre Tazara Portugais dans le Traité qu'il a fait en ſa langue Eſpagnole des actions & geſtes des Rois de Perſe, & où encore il fait remarquer ce qui ſe paſſa en l'année 1585. lors de cette horrible inondation qui noya la plus grande partie des terres appellées des Hollandois *Chorgmandel*, d'où ces animaux ayant eſté tirez, cette pierre ceſſa de ſe trouver en eux: mais les meſmes terres ayant eſté purgées par le temps, de la ſaleure de la mer, & ayant produit les meſmes herbes qu'auparavant, les animaux commencerent auſſi-toſt de produire le Bezoard.

de tout temps de la pierre de Bezoard.

De l'inondation des terres appellées Chormandel.

PRIVILEGE DV ROY.

LOVIS par la Grace de Dieu, Roy de France & de Navarre : A nos Amez & feaux Conſeillers les Gens tenans nos Cours de Parlement, & tous autres nos Iuſticiers & Officiers qu'il appartiendra : SALVT. Noſtre cher & bien-amé PIERRE DE ROSNEL, noſtre Orfévre & Ioüaillier ordinaire, Nous a fait dire & remontrer que pour le bien du Public, il a compoſé un Livre intitulé *Le Mercure Indien, ou le Treſor des Indes*, dans lequel il eſt traitté de l'Or, de l'Argent, des Pierres precieuſes & des Perles; lequel Livre il deſireroit faire imprimer en un ou pluſieurs Volumes, s'il nous plaiſoit luy accorder nos Lettres ſur ce neceſſaires. A CES CAVSES, deſirant favorablement traitter l'Expoſant, Nous luy avons permis & permettons par ces Preſentes, d'imprimer ou faire imprimer en telle marge, caractere, & maniere que bon luy ſemblera ledit Livre, durant le temps & eſpace de ſept années, à compter du jour qu'il ſera imprimé. Deffendons à tous Imprimeurs de noſtre

Royaume , autre que celuy qui fera nommé par l'Expofant, & à toutes autres perfonnes de l'imprimer ou faire imprimer durant ledit temps , fans le confentement de l'Expofant, à peine aux contrevenans de trois mil livres d'amende applicable, un tiers à Nous, un tiers à l'Hôtel-Dieu de noftre Ville de Paris, & l'autre tiers audit Expofant, confifcation des Exemplaires contrefaits, & de tous dépens, dommages & interefts, à la charge toutefois qu'avant expofer ledit Livre en vente en un ou plufieurs Volumes, il en fera mis deux Exemplaires en noftre Bibliotheque publique, un en celle de noftre Cabinet de noftre Chafteau du Louvre , & un autre en celle de noftre tres-cher & feal le Sieur Seguier Chevalier Chancelier de France: Et à faute de rapporter és mains du Sieur grand Audiencier de France en quartier , les recepiffez de nos Bibliothequaires, & au fieur Cramoify , commis par noftredit Chancelier un acte de délivrance actuelle defdits Exemplaires Nous avons dés à prefent declaré ladite Permiffion nulle , & avons enjoint au Syndic des Imprimeurs & Libraires, de faire faifir tous les Exemplaires qui auront efté imprimez , fans avoir fatisfait aux claufes portées par ces prefentes , ainfi qu'il eft plus au long contenu dans ledit Privilege. DONNE' à Paris le unziéme jour de Septembre, l'an de Grace 1667. Et de noftre Regne le vingt-cinquiéme. Par le Roy en fon Confeil. Signé , LABORYE. Et fcellé du grand fcel de cire jaune.

Regiftré fur le Livre de la Communauté des Imprimeurs & Libraires de Paris, Fait ce 12 jour d'Octobre 1667. Signé , THIERY, Adjoint du Syndic.

Les Exemplaires ont efté fournis.

LIVRE I.

CHAPITRE I.

A diversité des jugemens en l'estimation des pierres precieuses est telle qu'il y auroit de la presomption en celuy qui pretendroit y donner un prix de se croire exempt de censure, particulierement lors qu'il s'agist de l'estimation des plus hautes, & que la rareté, ou, pour mieux dire le besoin pressant qu'on en peut avoir, leur donne un prix plus grand qu'en une autre occasion : & c'est le sujet qui m'a fort long temps empesché de l'entreprendre, d'autant plus qu'en ces conjonctures de besoin pressant, il se rencontre toûjours deux personnes opposées, sçavoir celuy qui vend la chose, & celuy qui l'achepte ; l'un desirant de faire un gain considerable, & l'autre voulant ne payer, s'il le pouvoit, que la moitié de la valeur. C'est pourquoy je me suis aresté à rapporter succintement le prix des pierres precieuses & des Perles, sur le pied de l'estimation ordinaire que l'on en fait dans le commerce, particulierement de celles qui sont le plus ordinairement en usage, & dont la valeur s'est en quelque façon maintenuë par le poids parmy les negocians qui les tirent des premieres mains, & qui les debitent à d'autres pour leur seruice. Ie veux croire qu'il se pourra rencontrer que de ces prix que je marque à ces pierres precieuses, & mesme aux Perles, il y en aura qui sembleront trop hauts

A

ou trop bas , & que quelques uns diront peut-eſtre qu'ils
en pourroient donner à meilleur prix, ou qu'ils voudroient
les vendre davantage : à quoy l'on peut répondre que ,
comme chacun eſtime d'ordinaire ce qu'il poſſede , l'un
le Diamant , l'autre le Rubis , & l'autre la Perle ; & meſme que toutes ces choſes ne ſont pas tout à fait neceſſaires , c'eſt auſſi l'occaſion du temps qui les fait valoir : & je
puis meſme ajoûter, que comme la grande étenduë d'une
pierre & la perfection qu'elle a en beauté , luy donnent
un prix extraordinaire , en ce cas, mon eſtimation pourra
n'eſtre pas tout à fait juſte , ce qui pourra pareillement
ſervir d'excuſe, & ſi je l'oſe dire, de raiſon aſſez pertinente,
pour couvrir le deffaut de cette meſme eſtimation , ſi
tant eſt qu'il s'en trouve.

CHAPITRE II.

DE L'ESTIMATION DV DIAMANT.

Que pour fai-
re l'eſtimatió
du Diamant,
par le poids ,
faut qu'il ſoit
en toute per-
fection.

IL eſt à remarquer qu'on ne peut établir un prix certain au Diamant par le poids , non plus qu'aux autres
pierres précieuſes, à moins qu'elles n'ayent toute la perfection requiſe; car s'il y a quelques imperfections en la forme, ou en la couleur de l'eau , c'eſt à dire , ſi cette eau
eſt jaunâtre ou d'une couleur de foin , ou bien ſi elle eſt
bleuë , le Diamant s'appelle ordinairement celeſte , &
il perd le tiers de ſon prix ; & s'il eſt rempli au dedans
de quelques plumes ou de quelques ordures noirâtres, il en
perd la moitié : mais ſi , avec cette defectuoſité , il ſe rencontre encore un troiſiéme défaut, & qu'il ſoit tout à fait
jaune, ou de quelqu'autre mauvaiſe couleur, il en perd les
deux tiers , & aſſez ſouuent les trois quarts : Ou , tout au
contraire , ſi ces Diamans ſe trouvent d'une eau extrémement vive, claire & nette , ou bien d'une grande étenduë, la valeur en eſt de beaucoup augmentée , & le prix
qu'on peut leur donner eſt toûjours incertain; ce qui fait

qu'en cette occafion, il eft aucunement important de recourir au jugement de ceux qui font verfez de long-temps
en la connoiffance du Diament par la pratique.

Pour en bien juger, on doit établir un prix certain au
Diamant d'un grain, afin qu'il puiffe fervir de regle gene-
rale de l'eftimation des autres, comme ie remarqueray
en fon lieu: &, pour y parvenir par une methode facile, on
doit reduire le Diamant d'un grain à 12. liures ; & , pour
fçavoir le prix de celuy de deux grains, multiplier l'un
par l'autre, & le produit qui fera 4. le multiplier par 12.
qui fera la valeur du Diamant de deux grains, lequel
ainfi furpaffera de 36. unitez la valeur du Diamant d'un
grain, ce qu'il faudra appeller Difference ; c'eft à dire la
difference du prix d'un Diamant d'un grain, d'avec celuy de deux grains : ce qui eft de la derniere confequen-
ce à remarquer, pour juger dans la fuite des augmenta-
tions de grains qui feront établies en ce traité jufques à
dix carats ; c'eft à dire jufques au quarentiéme grain, dautant qu'il fera toûjours obfervé la mefme chofe.

Pour trouver le prix du Diamant de trois grains, il
faut ajoufter à cette difference de 36. qui fe rencontre entre le Diamant d'un grain & celuy de deux le mefme
nombre de 12. lefquels joints avec le prix du Diamant de
deux grains feront 96. valeur du Diamant de trois grains ;
& continüant toûjours d'ajoûter à la derniere difference
le nombre de 12. avec le prix de trois grains, qui font 96.
l'on trouvera que le prix de quatre grains, c'eft à dire
d'un carat, fera 156. liv. & d'un ordre à l'autre on pourra
voir le prix de chacun Diamant, jufques au quarentiefme
grain, qui font, comme dit eft cy-deffus, dix carats.

Quant à l'eftimation du dix au unziefme carat, il s'y
doit établir une difference de 1200. c'eft à dire augmen-
ter le prix du Diamant de unze carats de 1200. livres plus
que celuy de dix carats, avec cette obfervation, qu'on doit
toûjours ajoûter à chacun carat le nombre 12. ainfi qu'il
a efté fait à chacun des grains. Mais comme il fe rencontre affez fouvent qu'un Diamant pezera dix carats un

quart, ou dix & demy , ou dix trois quarts , il fera à propos alors de divifer par quart, ou par moitié , ou par les
trois quarts, le prix de la difference établie entre le dix
& unziefme carat , laquelle difference d'un carat, eftimée par exemple 1200. liv. fera pour le quart de carat 350.
livres , pour le demy carat 600. livres , & pour les trois
quarts de carat 900. laquelle fomme de 900. livres il
faudra ajoûter avec le prix que vaut le Diamant de dix
carats , avec trois unitez,lors qu'il y aura trois grains , &
les ajoûter à proportion au deuxiéme & premier grain ,
afin que les differences croiffent,& que,comme une augmentation de trois grains en une pierre eft beaucoup plus
confiderable à proportion que n'eft pas un grain, qui feul
n'eft jamais eftimé la troifiéme partie de celuy de trois
grains,il ne fe puiffe trouver de contrarieté entre l'eftima-
tion du Diamant de 10. carats , & celle de celuy de 11. carats: C'eft pourquoy il eft neceffaire de fe gouverner pour
les prix d'augmentation du quarante , au quarante-un , &
du quarante-deux au quarante-troifiéme grain , ainfi que
j'ay dit cy-devant. Pource qui eft du dixiefme grain , ou
dix grains un quart , ou dix & demy , ou dix grains trois
quarts, il faudroit prendre la difference qui fe rencontre
du dix au unziefme grain, ou la divifer par quart , ou par
demy , ou par les trois quarts, & ainfi agir à l'égard des
Diamans d'un autre prix, je dis depuis dix carats jufques
au plus haut qui s'en peut rencontrer ; c'eft à dire , en
tous les autres carats ou grains.

CHAPITRE III.

DE L'ESTIMATION DES RVBIS EN GENERAL.

L A difficulté de donner un prix certain aux pierres de
couleur, par le poids eft encore plus grande qu'à l'é-
gard du Diamant , attendu leur forme & la perfection de
leurs couleurs. Le Rubis entre autres , & particulierement

l'Oriental, ne se peut gueres estimer qu'à la veuë; & comme il est tout à fait difficile à trouver grand, aussi lors qu'il se rencontre tel, & qu'il est de la qualité requise, ainsi que j'ay remarqué au commencement de ce traité, il n'est pas moins en estime que le Diamant, & j'estime que ceux qui sont au dessus de cinq à six carats, peuvent estre estimez sur le pied des prix qui ont esté donnez aux Diamans, chacun selon leur poids: mais depuis trois carats jusques à un carat, on les peut mettre à moitié, du moins au tiers de la valeur du Diamant; & au dessous d'un grain, comme ils sont fort peu recherchez, il est tres-difficile d'y établir une estimation certaine. *Que le Rubis estant dans toute sa perfection lors qu'il est grãd est vendu le mesme prix que celuy du Diamant, de la mesme grandeur & du mesme poids.*

Le Rubis Balais s'employe fort peu en ouvrages, s'il n'est au dessus d'un carat: & comme il m'a fallu établir un prix au Diamant d'un grain, pour connoistre l'estimation des grands, aussi pour connoistre celle du Rubis Balais & du Rubis appellé Rubis Spinelle, dont il sera traité dans l'article suivant, il faut faire estime de ceux d'un carat, sur le pied de 30. livres, & des plus grands qui pezent plusieurs carats, proceder ainsi que j'ay cydevant observé aux Diamans d'un grain jusques à quatre, & depuis quatre grains jusqu'à quarante. *Les Rubis au dessous d'un grain sont fort peu estimez.*

Quelle est l'estime du Rubis appellé Balais.

Le Rubis Espinelle de la premiere qualité, c'est à dire, de la vieille Roche, peut estre estimé, lors qu'il surpasse quatre carats, à la moitié du prix du Diamant, & celuy de la Roche nouvelle, au prix du Rubis Balais. *Le prix du Rubis Espinelle.*

CHAPITRE IV.

DE L'ESTIMATION DE l'Almandine.

CETTE pierre, pour le peu qu'il s'en trouve, se peut évaluër sur le prix du Rubis Balais, si ce n'est qu'elle fust dans un excés de beauté, auquel cas elle iroit du pair d'estimation avec le Rubis Spinelle de la premiere couleur.

CHAPITRE V.

DE L'ESTIMATION DV SAPHIR Oriental, du Saphir appellé Oeil de-Chat, du Saphir d'eau, & du Saphir du Puis.

LORS que le Saphir bleu, ou le Saphir blanc sont de la premiere couleur, & parfaits en beauté, le prix du carat doit estre à 12. livres, & pour sçavoir celuy de deux jusques à quatre carats, il faut multiplier l'un par l'autre, & le produit le multiplier par douze; quoy faisant, l'on trouvera le prix de deux carats, & quant à toutes les differences de grosseur de poids, & il en faut user comme il a esté obserué en l'estimation du Diamant, afin que, par une methode facile on puisse établir un prix aux Saphirs jusques à quarante carats, mesme au dessus si l'occasion s'en rencontre. Et il est à remarquer, qu'au dessous d'un carat, comme il n'y a pas de lieu d'employer les Saphirs, non plus que les autres sortes de pierres, dont je traiteray dans les Chapitres suivans, il n'y a pas aussi de prix à leur donner.

Le Saphir appellé *Oeil-de-Chat* eſt plûtoſt eſtimé pour la diverſité de ſes couleurs , que pour ſon employ ; du moins peut-on dire en l'Europe où il eſt fort peu connu. Lors que cette pierre eſt dans ſa perfection, c'eſt à dire, qu'elle chatoye, elle eſt encore plus eſtimée que les autres Saphirs, du moins elle les égale de prix, ce qui fait qu'on peut eſtimer celuy d'un carat à 12. livres, & les autres à proportion. Et il ajoûte que cette eſtimation eſt donnée à l'Oeil-de-Chat, lors qu'il eſt Saphir Oriental, & qu'il a pluſieurs couleurs ce qui eſt aſſez difficile à connoiſtre.

Quant aux Saphirs d'eau, & Saphirs du Puis, comme ils ſont fort tendres, & d'une couleur fort changeante, & peu agreable à la veuë, ils ont fort peu de reputation, & toute l'eſtime qui s'en peut faire eſt de mettre celuy d'un carat à 3. livres ; &, pour connoiſtre le prix des plus grands, ſuivre ainſi qu'il a eſté dit aux eſtimations precedentes.

CHAPITRE VI.

DE L'ESTIMATION DE LA TOPASE
Orientale, & de la Topaſe d'Inde.

CETTE pierre eſt admirable en ſa couleur, & tout à fait rare. Lors qu'elle eſt au deſſus de quatre grains, on peut en faire eſtime à raiſon de 16. livres le carat ; je dis lors qu'elle eſt d'une couleur d'or, ſans aucune imperfection & obſervant la regle dont j'ay parlé au Chapitre du Saphir, on trouvera le prix de la Topaſe Orientale, depuis deux juſques à quarante carats, s'il en eſt beſoin.

Il eſt de la derniere conſequence de remarquer en la Topaſe Orientale, ainſi qu'aux autres pierres dont j'ay parlé, & meſme en celles dont je traiteray cy-aprés, qu'encore que cette pierre ſoit de la premiere couleur, alors qu'il s'y rencontre quelque fumée, qui luy oſte de

ſa tranſparance , elle diminuë d'un tiers du prix des parfaites , & que s'il ſurvenoit à cette fumée ou glace, quelques autres imperfections , elle eſt reduitte aux deux
tiers de moins que les parfaites, encore eſt-ce avec grande peine qu'on peut les vendre.

Du prix de
la Topaſe
d'Inde.   Pour la Topaſe d'Inde, quand elle approche de la couleur de l'Orientale , en core qu'elle ſoit fort tendre , on
peut mettre le prix de celle d'un carat à 6. livres ; & , pour
ſçavoir le prix des autres , ſuivre ainſi qu'il a eſté remarqué.

CHAPITRE VII.

DE L'ESTIMATION DES ESMERAVDES
au Cadran, & des Rondes.

LA difficulté de rencontrer des Eſmeraudes qui ſoient
dans une perfection entiere & accomplie , particulierement lors qu'elles ſont taillées au cadran, & qu'elles
ſurpaſſent le poids de trois à quatre carats, Eſt telle, que,
lors qu'il s'en trouve , elles ſont ſi recherchées qu'on
pourroit en quelque façon leur donner ie prix du Rubis.
Mais comme elles ne ſont pas dures, au contraire qu'elles
ſont fort tendres , cette eſpece de defaut de dureté leur
oſte beaucoup de leur prix, & ne peut permettre d'eſtimer celle d'un carat qu'à 30. livres, &, pour la valeur des
grandes, l'on peut ſuivre ce qui a eſté remarqué dans les
Chapitres precedens.

Des differen-
ces de prix des
Emeraudes
au Cadran &
celles qui
ſont rondes.   Les Emeraudes qui ont la table ronde, & qui ne ſont
point taillées par le deſſous, & meſme celles qui ſont en-
core entieres , bien qu'elles ſoient de la premiere couleur , ſont de beaucoup moins eſtimées que celles taillées
au cadran, qui ſont parfaites, d'autant qu'elles ſont d'ordinaire ſales & remplies de glaces ou fumées ; & lors
qu'on veut les tailler au cadran, elles perdent beaucoup

coup de leur poids & de leur couleur, ce qui fait qu'on ne
peut en faire l'estimation que de douze livres pour carat,
& des plus grandes, observer ce que j'ay dit en l'article
precedent.

CHAPITRE VIII.

DE L'ESTIMATION DE L'AMETHISTE
Orientale, de l'Amethiste de Carthagene,
& des Communes.

QVoy qu'on appelle cette pierre Amethiste, on peut
dire que c'est proprement un Rubis violet. Aussi
quand elle a la mesme dureté & poliment du Rubis,&
elle est si rare, que lors qu'il s'en trouve, je dis en toute
perfection, celles d'un carat peuvent estre estimées à 60.
livres : Et pour connoistre le prix des plus grandes, il faut
observer ce que j'ay dit du Saphir.

Que l'Amethiste Orientale est un Rubis violet, & qu'il est tres rare d'en rencontrer de parfaites.

Pour l'Amethiste de Carthagene estant dans sa perfection, elle semble ne rien ceder aux Amethistes Orientales ; toutefois elle est beaucoup moins estimée, dautant qu'elle est extraordinairement tendre , & l'on ne
peut faire état du carat que sur le pied de 6. liv. encore
faut-il que la Pierre surpasse le poids de quatre carats, car
au dessous elle n'est d'aucune consideration ; c'est à dire
que pour vouloir en faire l'estimation il faut commencer
par celles de quatre carats.

Que l'Amethiste de Carthagene dans sa perfection est rare, & qu'elle est fort estimée quoy qu'elle soit tendre.

Et quant aux Amethistes les plus communes appellées
d'Allemagne , ou Bohéme ces pierres sont en si grand
nombre, qu'à moins qu'elles ne soient excessives en grandeur ou qu'elles ne tirent en quelque façon sur la couleur
de l'Amethiste de Carthagene on n'en fait point d'estat.

Que les Amethistes d'Allemagne ou de Bohéme ne sonten aucune estime.

CHAPITRE IX.

DE L'ESTIMATION DE
l'Aygue marine.

Que l'aygue marine Oriétale estant dans sa perfection, peut estre autant estimée que le Saphir Oriental.

CETTE pierre est de soy fort considerable, lors qu'elle est dans sa principale couleur, & dure ; & quoy qu'elle soit fort peu en usage, son prix se doit estimer comme du Saphir Oriental; c'est à dire, que pour le connoistre il faut prendre le prix du Saphir Oriental, duquel j'ay parlé au cinquiesme Chapitre.

CHAPITRE X.

DE L'ESTIMATION DE L'OPALE
Orientale, de celle de Boheme, de la Girasole,
& de l'Iris.

Du prix des Opales.

DV temps des Anciens, l'Opale estoit beaucoup en valeur, comme j'ay remarqué de celle qu'avoit ce Senateur Romain, qui fut estimée 20000. sesterces ; mais maintenant à cause du peu d'usage qu'on en fait, son prix en est bien moindre, & celles d'un carat parfaites ne peuvent estre prisées à plus de 10. livres ; & les autres à proportion de leur poids, ainsi qu'il a esté dit.

Pour l'Opale de Bohéme, la Girasole, & mesme la pierre appellée Iris, ces trois sortes de pierres ont d'ordinaire beaucoup d'imperfections, & quand il n'y auroit que le sujet du deffaut en leur couleur qui n'approche point de l'Opale, mais qui d'ordinaire est laicteuse, cela leur oste le peu d'estime qu'elles pourroient meriter ; en sorte qu'à moins qu'elles ne soient tout à fait grandes, il n'y a presque pas de prix à leur donner, & encore quoy que grandes elles ne peuvent valoir plus de 4. livres le carat.

CHAPITRE XI.

DE L'ESTIMATION DE LA TVRQVOISE Persienne, & Turquine, & de celle appellée de nouvelle Roche.

LA Turquoise Persienne, & mesme la Turquinne, peuvent aller du pair avec l'Esmeraude de la premiere qualité ; j'entends lors qu'elles surpassent la grandeur ordinaire, & qu'elles font parfaites, & en ce cas le prix de celles d'un carat se peut estimer à 30. livres, & celuy des plus grandes, ainsi qu'il a esté dit des autres pierres. *De l'estimation des Turquoises de vieille Roche.*

Ie pourrois ajoûter que le prix des Turquoises Persiennes se peut porter jusques à 40. livres le carat, estant en toute la perfection du bleu que l'on pourroit souhaitter : mais comme il est difficile d'en rencontrer (ces sortes de pierres ne surpassant jamais gueres le poids de cinq à six carats) il est aussi inutile d'y établir une estimation, & où il s'en trouveroit de dix ou douze carats parfaites, elles surpasseroient l'Esmeraude du mesme poids, quoy que ces Esmeraudes eussent aussi toutes leurs perfections. *Que la Turquoise Persienne est la plus estimée.*

Quand aux Turquoises de nouvelle roche au dessus de deux carats, on les peut estimer à 3. livres le carat.

CHAPITRE XII.

DE L'ESTIMATION DE LA PRESME
d'Esmeraude, & de la Smaragdoprase.

Pourquoy on ne peut iuger de la presme d'Esmeraude.

IL y a fort peu de pierres precieuses qui soient moins dans l'usage que la Presme d'Esmeraude, & la Smaragdoprase ; c'est pourquoy encore qu'elles soient au nombre des pierres precieuses, elles sont fort peu estimées, & qui voudroit établir un prix à cette espece de pierre il faudroit necessairement en voir la qualité pour en bien juger, dautant que la pluspart sont fort terrestres. Et quand elles seroient en toute perfection, elles ne vaudroient que le quart du prix des Esmeraudes rondes.

CHAPITRE XIII.

DE L'ESTIMATION DE LA HYACINTHE
la Belle, & des Communes.

Qu'il n'y a que la Hyacinthe la Belle qui soit dans l'estime.

ENCORE que les Hyacinthes ayent esté autresfois en une estime tres-particuliere, neanmoins elles ont fort peu d'usage à present, sinon celle qui est appellée Hyacinthe la Belle ; elles ont aussi beaucoup perdu de leur prix, & celles de la premiere qualité ne peuvent estre estimées à plus de 6. livres le carat, j'entends, lorsqu'elles sont parfaites, & pour les autres n'excedent pas 3. livres le carat, encore faut il qu'elles soient nettes.

CHAPITRE XIV.

DE L'ESTIMATION DE LA CHRYSOLITE.

DEPVIS que les Efmeraudes fe font trouvées com-munes, la Chryfolite a perdu toute fon eftime, & elle n'a eu de prix qu'autant que ceux qui l'ont fouhaittée ont voulu luy en donner, je dis mefme la Chryfolite Orientale, & haute en couleur, laquelle n'a de prix que de 4. livres le carat ; & pour celles qui font terreftres & mélées de blanc elles ne vallent pas la peine d'en parler.

Du prix de la Chryfolite.

CHAPITRE XV.

DE L'ESTIMATION DV PERIDOT.

ON peut dire que la pierre appellée Peridot a beau-coup de dureté, & que fon poliment eft affez vif, mais neanmoins elle n'eft point eftimée à moins qu'elle ne furpaffe le poids de huit ou dix carats, & encore quoy qu'extraordinairement grandes, elles n'excedent point le prix des Hyacinthes, les plus communes, ou des Chry-folites ; c'eft à dire qu'elles ne vallent pas plus de 3. à 4. livres le carat.

Du prix de Peridot.

CHAPITRE XVI.

DE L'ESTIMATION DE LA VERMEILLE, *& de l'Efcarboucle.*

IL n'y a que la grandeur qui puiffe donner de l'eftima-tion à la Vermeille ; auffi lors qu'elle fe trouve grande, c'eft à dire lors qu'elle furpaffe le poids de quatre à cinq

Que la Ver-meille n'eft eftimée que dans fa gran-deur.

carats, elle pourroit eſtre eſtimée à 50. liv. le carat. Mais comme il eſt tres-rare d'en rencontrer, je dis des grandes, il eſt auſſi comme inutile de ſe mettre en peine d'y donner un prix arreſté.

Autresfois les Rubis Balais en Cabochon eſtoient nom- mez des Eſcarboucles ; mais depuis que l'on a eu une con- noiſſance parfaite des pierres precieuſes, ou pour mieux dire depuis qu'on en a eu l'uſage, & qu'on a ſceu les tail- ler, ce nom d'Eſcarboucle a eſté rejetté, & l'on n'a plus appellé cette pierre que Rubis Balais : ce qui fait dire que l'Eſcarboucle n'eſt plus qu'une imagination parmy nous, & qu'il n'y a point d'eſtimation à en faire, ſi ce n'eſt ainſi que j'ay remarqué en ſon lieu , que cette pierre eſtant priſe pour un Grenat cabochon , on luy peut de meſme donner le prix du grenat, dont il ſera fait mention dans le Chapitre ſuivant.

CHAPITRE XVII.

DV GRENAT SVRIEN, ET DES
autres Grenats.

COMME il y a deux eſpeces de Grenats, on doit auſſi obſerver qu'il y a deux differences de prix à leur donner : que les uns ont quelque eſtimation , & que les autres n'en ont point. Le Grenat Surien eſt celuy ſeul qui eſt dans l'eſtime, auſſi lors qu'il excede le poids de ſix ou huiĉt carats, qu'il ſe rencontre exempt de toutes noir- ceurs ou glaces, & qu'il eſt dans une perfection de couleur, c'eſt à dire lors qu'il ſe trouve d'une couleur de pourpre qui ſe fait appeller, parmy les moins connoiſſans Ame- thiſte Orientale, il eſt égal à la Vermeille ; d'où s'enſuit qu'on en peut faire eſtime de 40. ou 50. livres le carat ; mais de cette qualité, ils ſont ſi rares, qu'à peine entre cinq cens grenats ils s'en rencontrent ſix ou huit.

Pour les autres sortes de Grenats, ils sont en si grand nombre, que pour en faire quelque estime, il faut qu'ils soient d'une grandeur extraordinaire, & qu'ils ne se trouvent point chevez par le dessous, c'est à dire qu'ils doivent estre taillez au cadran & fort nets ; & de cette qualité leur prix est de 2. livres le carat. Ie dis quand ils surpassent deux ou trois carats : car au dessous d'un carat, mesme jusques à deux carats, ils sont si communs qu'on n'en fait point d'estat, & se vendent alors à la douzaine, ou à la grosse, & ceux en cabochon ou bruts, à la livre ou à l'once, à fort bon marché, encore a-t'on grande peine à s'en defaire.

LIVRE II.

CHAPITRE I.

DES PERLES EN GENERAL,
& de la Nacre de Perle.

E n'eſt pas ſans ſujet qu'on tient qu'il eſt fort difficile de donner un prix certain aux Perles, nommément lors qu'elles ſont rondes ou qu'elles ſont tournées en poire dans une perfection ſinguliere ; dautant qu'elles ſont ſi recherchées , que chacun leur donne un prix particulier , ſelon le plus ou moins de deſir que l'on a de les poſſeder. Et comme la Perle en ſa forme ronde eſt celle qui de tout temps a eſté la plus eſtimée, & meſme la plus en uſage parmy toutes les Nations, elle eſt auſſi celle qui ſe rencontre la plus petite en ſon eſpece, & de laquelle on parle par grains, par demy grains, par quart de grains, & meſme par octave ; au lieu que des Perles en poires ou en bouton, il ne ſe parle que par carats, & de celles qui ſont barocques par once.

Pour donner un prix aucunement certain aux Perles , par le poids, il ne ſuffit pas de ſçavoir ſi ces Perles ſont en toute perfection , auſſi-bien dans leur forme ronde que dans leur couleur argentine, & cela pour deux raiſons, dont la premiere eſt qu'il ſe voit des Perles neufves, & nouvellement percées, dont l'ouverture qui ſert a y paſſer la ſoye, n'ayant point eſté dilatée par l'uſage, ces Perles enfilées ne varient point, & demeurent toûjours

Qu'il y a des Perles neufves & d'autres vieilles, pourquoy on ne peut leur donner un prix certain.

en

en l'état qui leurs est le plus avantageux, pour en remarquer la rondeur & la beauté ; & au contraire, il s'en voit
d'autres dont le long usage à dilaté l'ouverture ; ce qui
fait qu'estant enfilées, elles balancent & varient , & par
cette variation qui cause vne espece de difformité en un
rang de Perles , elles perdent l'égalité & la proportion
qui leur donnent ordnairement tant d'avantage. La seconde raison en est que, comme les Perles sont rarement
employées qu'en nombre&plus particulierement les rondes que les autres, comme en bracelets, coliers ou ches-
nes dont les Dames ont coustume de se parer ou en ouvrages d'or & de pierres precieuses, dans lesquelles elles
sont entremélées, Ou enfin en quantité d'ornemens, ha-
bits & autres choses, plus le nombre en est considerable ,
c'est à dire en mesme espece, forme & poids, Plus aussi
chacune de ces Perles est. elle estimée : & telle perle propre à estre employée à un colier estant seule, ou n'estant
accompagnée que de peu d'autres semblables, n'est venduë que 100. livres , laquelle faisant partie d'un nombre
complet & suffisant, pour en composer le colier entier ,
feroit venduë plus de 150. & ainsi à proportion puis je dire
de celles propres a estre employées en bracelets, chaisnes,
ou autres ouvrages. Ce qui m'a fait marquer dans le commencement de ce Traité , & qui me fait reïterer encore,
qu'il est comme impossible de donner un prix certain
aux Perles, qu'en les voyant. Pour ne pas neanmoins re-
fuser au Lecteur quelque commune instruction sur ce
sujet, & autant que le peu de certitude qu'il y a me per-
met de luy en donner, je puis dire, en passant, & sans vouloir par la fixer une juste estimation aux Perles rondes, en
bouton, ou en poire, non plus qu'aux autres, par les raisons susdites, que communement celles de deux grains
peuvent estre venduës 2. livres tournois, de trois g. 4. à 5.
liv. celles de quatre g. depuis 8. liu. jusqu'à 10. de cinq g.
depuis 16. liv. jusqu'à 18. de six g. depuis 24. liv. jusqu'à
28. de sept g. depuis 35. liv. jusqu'à 38. de huit g. depuis
50. liv. jusqu'à 55. de neuf g. depuis 70. liv. jusqu'à 75. de

dix g. depuis 90. liv. juſqu'à 100. de unze g. depuis 120.
liv. juſqu'à 130. de douze g. depuis 160. liv. juſqu'à 175.
de quatorze g. depuis 250. juſqu'à 270. de ſeize g. depuis
330. liv. iuſqu'à 380. de dix-huiĉt g. depuis 460. liv. juſqu'à 500. & de vingt g. depuis 600. liv. juſqu'à 650. Et

que celles demy rondes, en eſpece de boutons tournées,
& égales des deux coſtez, & qui peuvent ſervir aux coliers, & auſſi celles en poire & tournées, peuvent eſtre
eſtimées à la moitié du prix de ces premieres ; Que les
autres auſſi en bouton tournées, & celles meſme en poire
qui ne ſont pas dans la perfeĉtion, c'eſt à dire qui tiennent du barocque, peuvent eſtre venduës à la moitié du
prix de celles dont je viens de parler, je veux dire aux trois
quarts du prix des rondes. Et en quoy l'on remarquera

que je n'ay parlé & ne parleray cy-apres toûjours que de
celles qui ſont en toute perfeĉtion, ſoit qu'elles ſoient
rondes, boutons, ou poires : Car, ſi j'avois à parler des
autres qui ſont deffeĉtueuſes, j'obſerverois qu'eſtant d'u-
ne eau un peu jaunaſtre elles diminuent d'un quart du
prix des blanches, & que ſi elles avoient encore plus de

jaune & de noir, qu'elles fuſſent laiteuſes, ou bien qu'il
y euſt quelque deffaut dans l'ouverture, elles diminuë-
roient de moitié, & quelquesfois de davantage.

Et quant aux Perles qu'on appelle communement Perles d'once, pour eſtre differentes en groſſeur & formes,
les unes ſont entre nettes, & les autres fort barocques ;
elles ont auſſi une grande difference du prix des unes &
des autres, & pour les meſmes raiſons que j'ay rapportées, je n'entends point y fixer une juſte eſtimation, non
plus qu'en celles dont j'ay parlé. Ie me contente de dire
encore en paſſant que celles entre nettes qui tiennent du
rond & du barocqué, & qui ne ſont en nombre que de quarante à quarante-cinq à l'once, ſe peuvent vendre 1200.

livres & en diminüant juſques à 1000. l'once, celles de
cinquante-cinq à ſoixante. 800. liv. & en diminüant juſques à 700. liv. celles de quatre-vingt à cent 550. liv. &
en diminüant juſqu'à 500. celles de cent trente à cent

cinquante 400. liv. & en diminüant iufqu'à 300. celles de
deux cens à deux cens quarante 250. liv. & en diminüant
jufques à 200. celles de trois cens cinquante jufqu'à cinq
cens 150. liv. & en diminüant jufqu'à 100. liv. Et quant
aux barocques à la moitié du prix de ces entrenettes. Ie
pourrois encore dire qu'il y a de certaines Perles rondes
mais lefquelles pour eftre fort petites ne fe vendent qu'à
l'once, dont celles depuis quinze cens, jufqu'à trois mille,
peuuent eftre venduës 125. & en diminüant jufques à 80.
livres l'once. Outre quelques autres appellées femences,
mais qui font de tres peu de valeur & ne meritent de leur
donner un prix.

Des petites Perles rondes & de la femence.

Pour les Perles d'Efcoffe, comme elles ne font pas de
beaucoup de valeur, & mefme qu'elles ont fort peu d'u-
fage, il eft comme inutile de leur donner un prix, & d'autant plus qu'il n'y a que la grande perfection qui les fait
eftimer, laquelle perfection ne fe peut connoiftre qu'en
les voyant : Neanmoins je puis dire, fans pourtant en
fixer l'eftimation, que les plus belles ne doivent eftre eftimées qu'au tiers des Orientales, & pour les autres,
autant que ceux qui en auront befoin en voudront
donner.

De l'eftima-tion de la Perle d'Ef-coffe.

Quant à la Nacre de Perle, fon prix n'eft confideré
que fuivant le befoin qu'on en peut avoir; c'eft à dire,
que les plus avantageufes en beauté ne peuvent valoir
que 12. ou 15. livres la pièce, encore faut il qu'elles fe
rencontrent pareilles en la couleur de l'eau.

De l'eftima-tion de la Na-cre de Perle.

LIVRE III.

CHAPITRE I.

DE L'ESTIMATION DES AGATHES en general.

De l'estima-
tion des Aga-
thes en vaſes
& que celles
qui ſont gra-
vées ne ſe
peuvent eſti-
mer qu'en les
voyant.

'ON ne peut parler des Agathes taillées en relief, ou gravées en creux, ny meſme des vaſes, couppes ou grains, que par la connoiſſance des détachemens de couleurs qui ſe rencontrent en une meſme pierre, leur eſtimation ſe reglant par leur grandeur, la beauté de leur travail, & particulierement lors que ce travail eſt antique : & il y a telle difference en ces eſpeces de pierre, que telle Agathe de grandeur d'un louys de trente ſols eſt venduë 50. écus, ou un vaſe tenant un poſſon vendu 150. au lieu que d'autres de pareille grandeur, pour n'avoir pas tous les détachemens de couleurs neceſſaires, & eſtre modernes, ſont donnez pour la moitié du prix de ces premiers. Ce qui fait connoiſtre l'impoſſibilité qu'il y a de donner une juſte eſtimation à ces ſortes de pierres, non plus qu'aux autres Agathes Chalcedoines ou Romaines, qui ſont de beaucoup moins de valeur que les Agathes Onix, & Serdonix.

CHAPITRE II.

DE L'ESTIMATION DV IASPE, DE l'Heliotrope, de la Nephritique, & de la Serpentine.

Que la diver-
ſité des cou-
leurs au Iaſpe
eſt neceſſaire.

LEs Iaſpes ne peuvent eſtre eſtimez que ſuivãt leur couleur, laquelle ordinairement eſt fort bizare, & pour le peu qu'il s'en rencontre, ils peuvent aller du pair avec les Agathes Chalcedoines: L'Heliotrope & la Nephritique de la premiere qualité, vont à la moitié du prix des Iaſpes.

Pour la Serpentine, en ce qu'elle eſt fort tendre, les vaſes de cette pierre de ſix poulces de haut, ne peuvent eſtre eſtimez qu'à 10. livres, & les autres plus grands ou plus petits à proportion.

CHAPITRE III.

DE L'ESTIMATION DV LAPIS, de la pierre Armenienne, du Iade & de la Malachite.

LE Lapis en pierre, qui eſt de la premiere couleur eſt eſtimé juſqu'à 8. ou 10. écus la livre ; celuy qui ſe travaille en ouvrage pour vaſes ou autres choſes, attendu qu'il eſt fort difficile à rencontrer, peut eſtre égalé de prix avec l'Agathe Serdoine : Et la pierre Armenienne peut eſtre eſtimée à la moitié du prix du Lapis, quand elle eſt dans une parfaite beauté.

L'eſtimation du Lapis eſt certaine à cauſe que la plus grande partie ſe conſidere par la couleur & par le poids.

Quand au Iade, ce qui s'en rencontre de grand reçoit la meſme eſtimation que le Iaſpe, mais il faut que ce Iade ſoit de la plus belle couleur. Et quant à la Malachite, elle n'eſt pas plus eſtimée que la Turquoiſe de nouvelle roche.

CHAPITRE IV.

DE L'ESTIMATION DE LA CORNALINE & de la pierre appellée Auanturine.

S'IL y a quelque prix a donner à la Cornaline, ce n'eſt qu'en cas qu'elle ſe rencontre en grands morceaux, ce qui eſt tres-rare ; & ce qui s'entrouveroit propre à faire des taſſes ou vaſes, peut aller du pair quant au prix avec l'Agathe Serdoine.

Qu'il n'y a point d'eſtimation reglée pour la Cornaline & l'Avanturine à moins qu'elles ne ſoient extraordinairement grandes.

Pour l'Avanturine, elle n'a point de prix qu'autant qu'elle eſt recherchée, non plus que quantité d'autres pierres dont j'ay parlé ; & dans ſa plus grande recherche, elle n'eſt pas plus eſtimée que la pierre Armenienne.

LIVRE IV.

CHAPITRE I.

DE L'ESTIMATION DV CORAIL.

De l'estima-
tion des gros
grains de Co-
rail, & pour-
quoy ils ne se
trouvent que
rarement.

E Corail est estimé selon sa forme & sa couleur, & le rond en sa grosseur est le plus rare. Il se trouve fort different de prix ; car l'on a veu telle once de Corail en grains se donner pour 12. ou 15. sols, au lieu qu'une autre once s'est venduë jusqu'à 12. ou 15. livres, & mesme il s'en est trouvé de telle grosseur qu'il s'est vendu jusqu'à 10. ou 12. écus l'once, ce qui est tres-difficile à rencontrer, dautant qu'en cent branches de Corail, je dis des plus fortes, difficilement se pourra-t'il trouver de quoy faire cent grains, de trois à quatre l'once, n'y ayant comme j'ay dit que la tige de laquelle on se puisse servir, laquelle d'ordinaire est fort pooreuse & rarement saine.

Le menu Co-
rail en bran-
che n'a d'esti-
me que par-
my les cu-
rieux.

Les menus grains de cent & de plus grand nombre à l'once, se vendent depuis 6. écus la livre, jusqu'à 10.

CHAPITRE II.

DE L'ESTIMATION DV CRYSTAL.

Estimations
differentes
du Crystal.

CE n'est pas seulement la grandeur des vases, mesme des glaces & de toute autre sorte d'ouvrages de Crystal, qui fait le prix, mais ce sont la forme, le travail, la blancheur, la netteté, & son poliment qui les font plus ou moins valoir. Auſſi l'on a veu des vaſes de Cryſtal, avoir eſté vendus 2. à 300. écus, ou d'autres de pareilles grandeurs ont eſté donnés pour le quart du prix de ces premiers, & ainſi en eſt-il des glaces de Cryſtal de roche, leſquelles pour n'avoir pas le poliment propre à la reverberation, perdent la moitié de leur prix, & n'ont plus d'uſage que pour mettre ſur des mignatures, portaits ou autres ouvrages.

Pour le Cryſtal appellé Cryſtal de livre, l'eſtimation s'en fait ſelon qu'il eſt net, & ſelon ſa forme, je veux dire depuis 5. livres juſques à 20.

Vn Cryſtal ne peut ſervir de glace qu'il n'ayt un poliment tout particulier & different de celuy des autres Cryſtaux.

CHAPITRE III.

DE L'ESTIMATION DE L'AMBRE & du Bezoard,

L'AMBRE dans ſon plus grand prix n'eſt que de 16 liv. juſqu'à 20. la livre, j'entends l'Ambre brut, car celuy travaillé en ouvrages, il s'eſtime ſelon la perfection du travail.

Quant au Bezoard Oriental ſa veritable valeur ne conſiſte que dans cette vertu ſecrette, qui ſert de remede à beaucoup d'incommoditez ; auſſi pour cette raiſon il eſt eſtimé au poids de l'or meſme, c'eſt à dire, à raiſon de 40. à 45. livres l'once. Et pour l'Occidental, il n'excede pas 10. à 12. livres l'once, ſi ce n'eſt qu'il fut d'une extraordinaire groſſeur, auquel cas, pour la curioſité, plûtoſt que pour l'utilité il ſeroit vendu juſqu'à 20. livres l'once.

Que la valeur du Bezoard Oriental ne conſiſte que dans ſa vertu.

FIN.